INFORMACIÓN SOBRE LOS ARTISTAS PARTICIPANTES

AF260629

Nani Nani

"He soñado siempre en color y quisiera que todos experimenten lo que se siente crear libremente. Colorear con sus hijos es una manera genial de empezar la conversación y usar su creatividad. Aprovecha el tiempo que tienes con tus hijos."

Jennie Janelle

"Mi sueño como artista y como persona es inspirar a otros que vivan bien, que sean amables, que tengan buenas intenciones, que expresen sus pasiones, y que tengan compasión. Desafió a otros y a mí misma a soñar creativamente y a celebrar las pequeñas y grandes diferencias de cada uno de nosotros. Perdonar el uno al otro, y perdonarse a sí mismo, porque valemos más de lo que creemos, somos mucho más que imperfecciones o errores. ¡Así que sueña con ser creativo!"

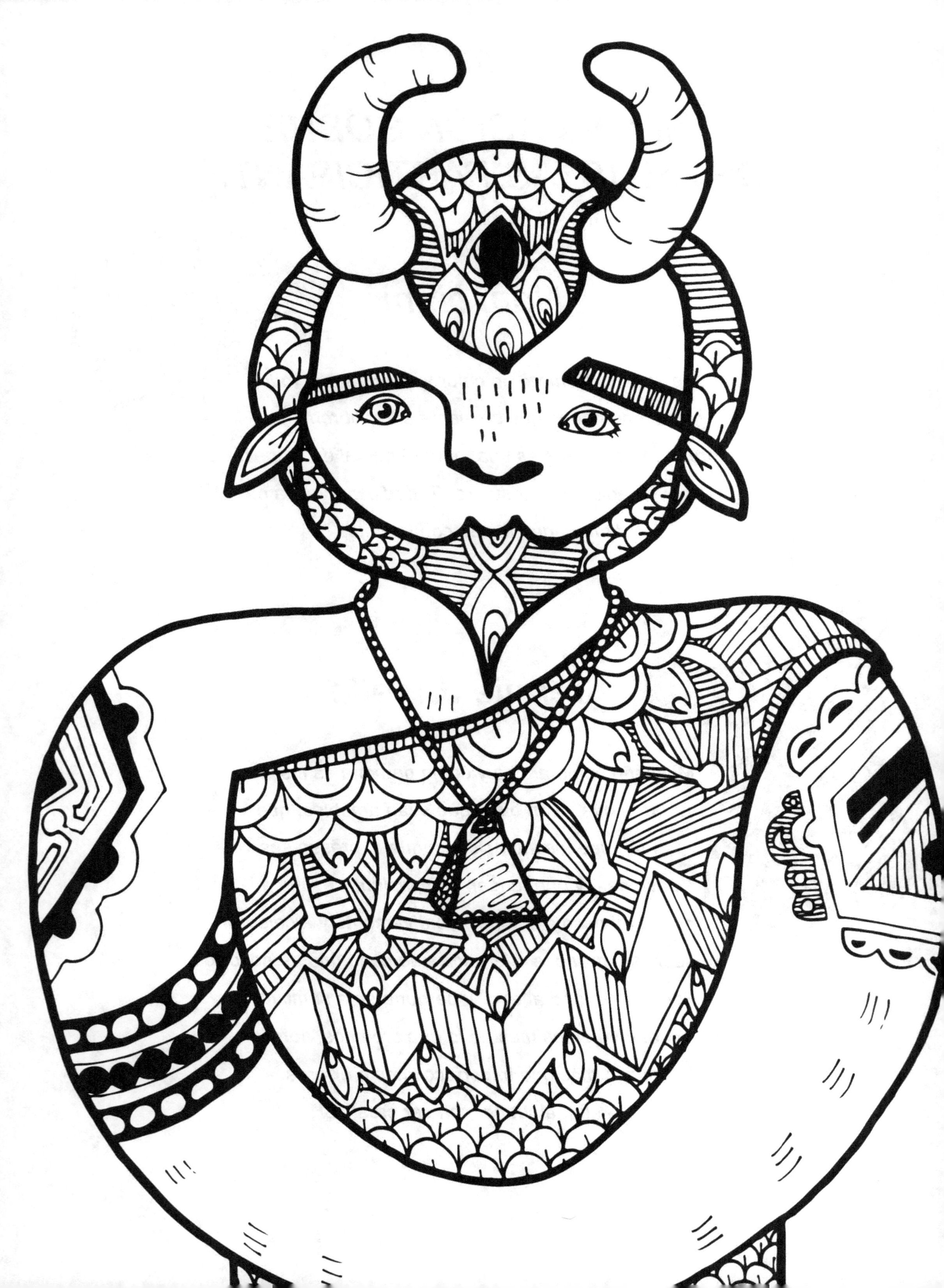

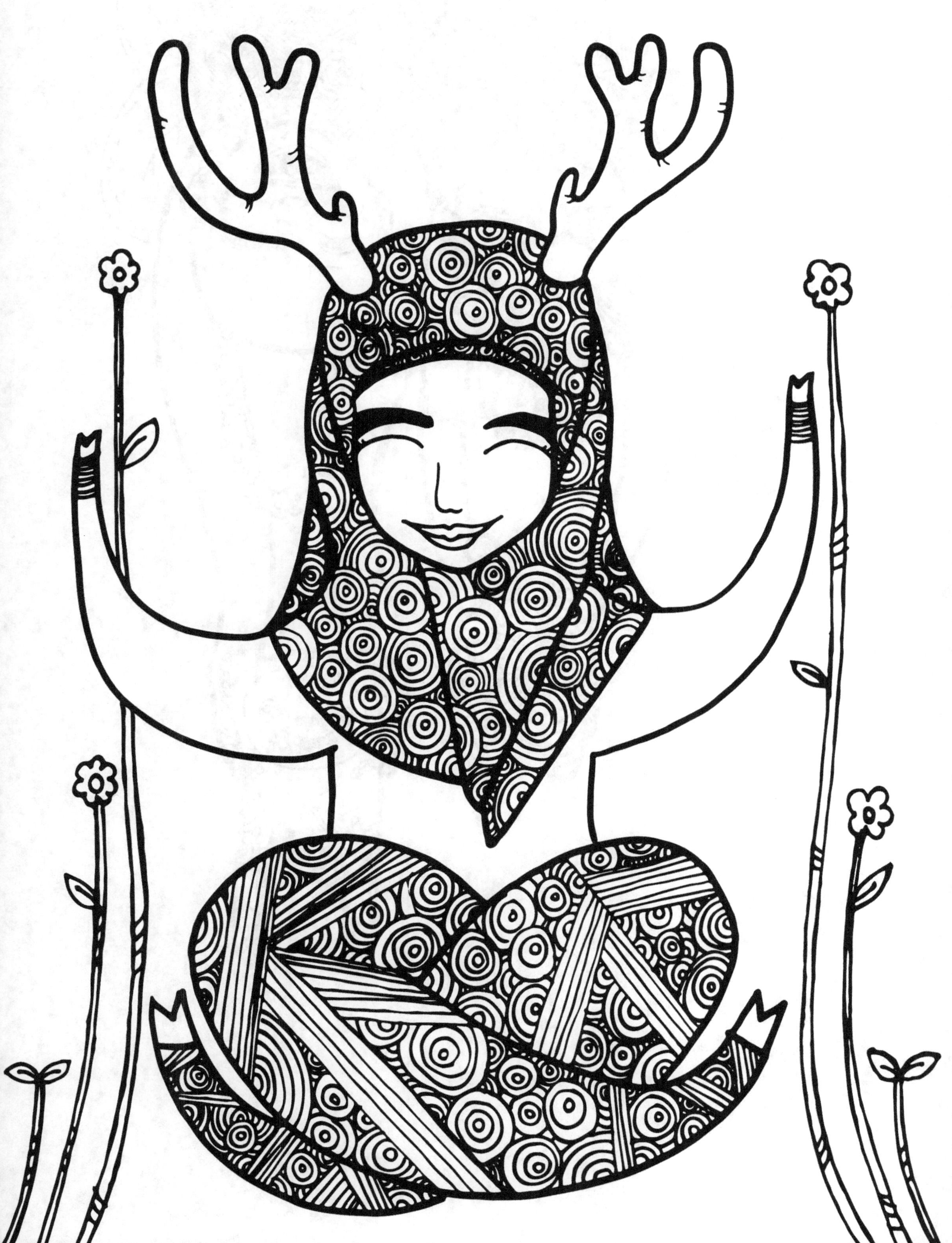

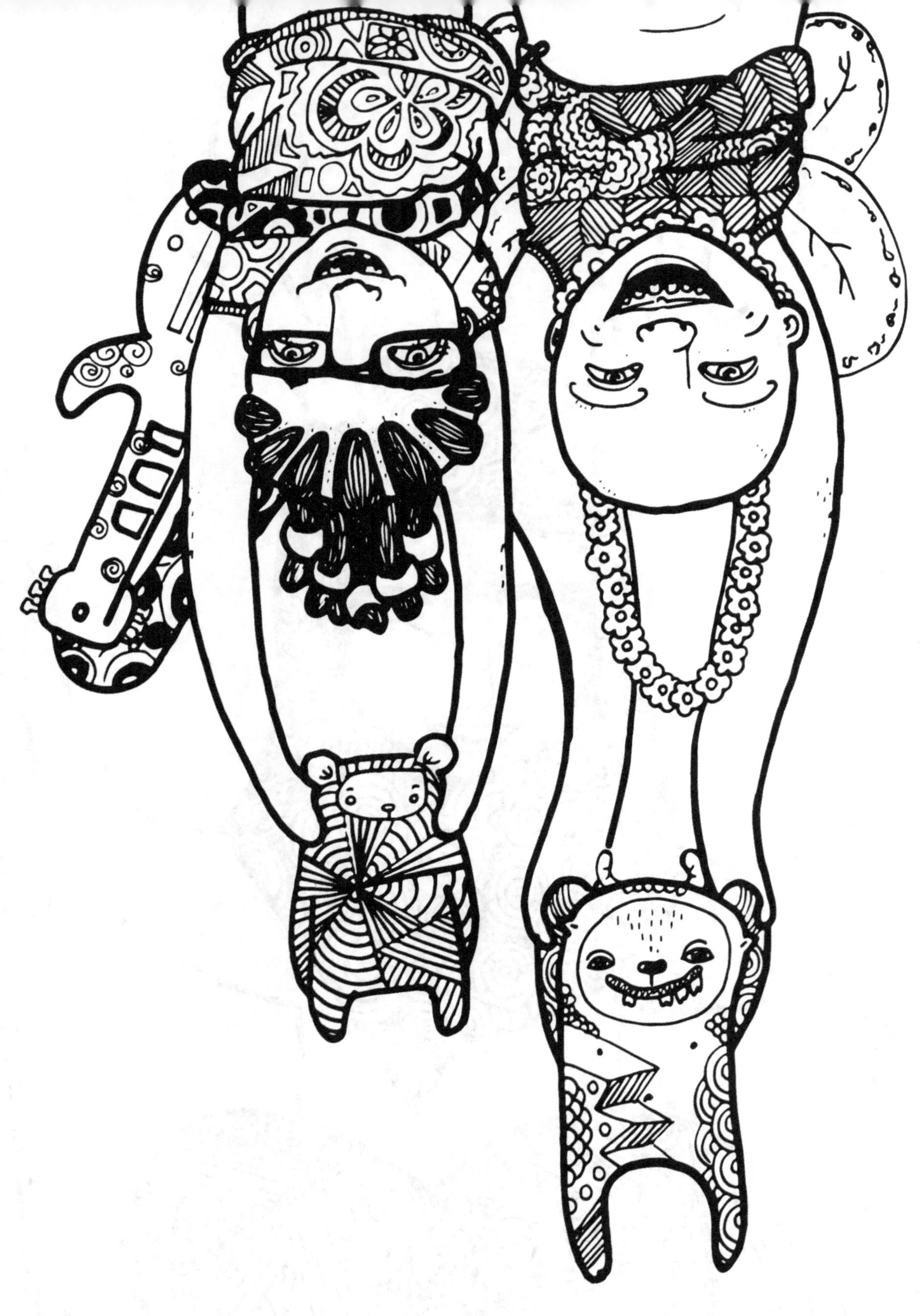

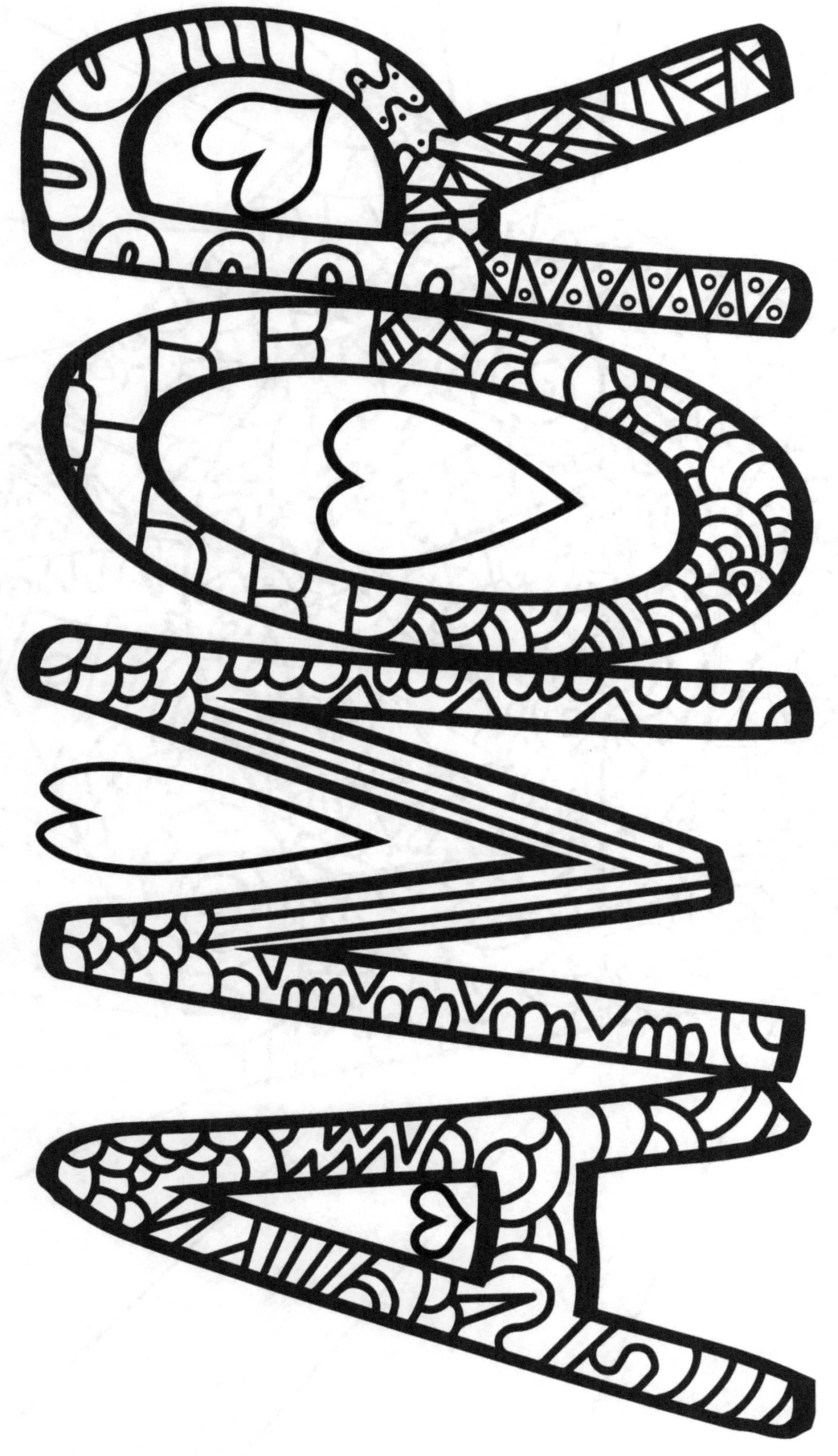

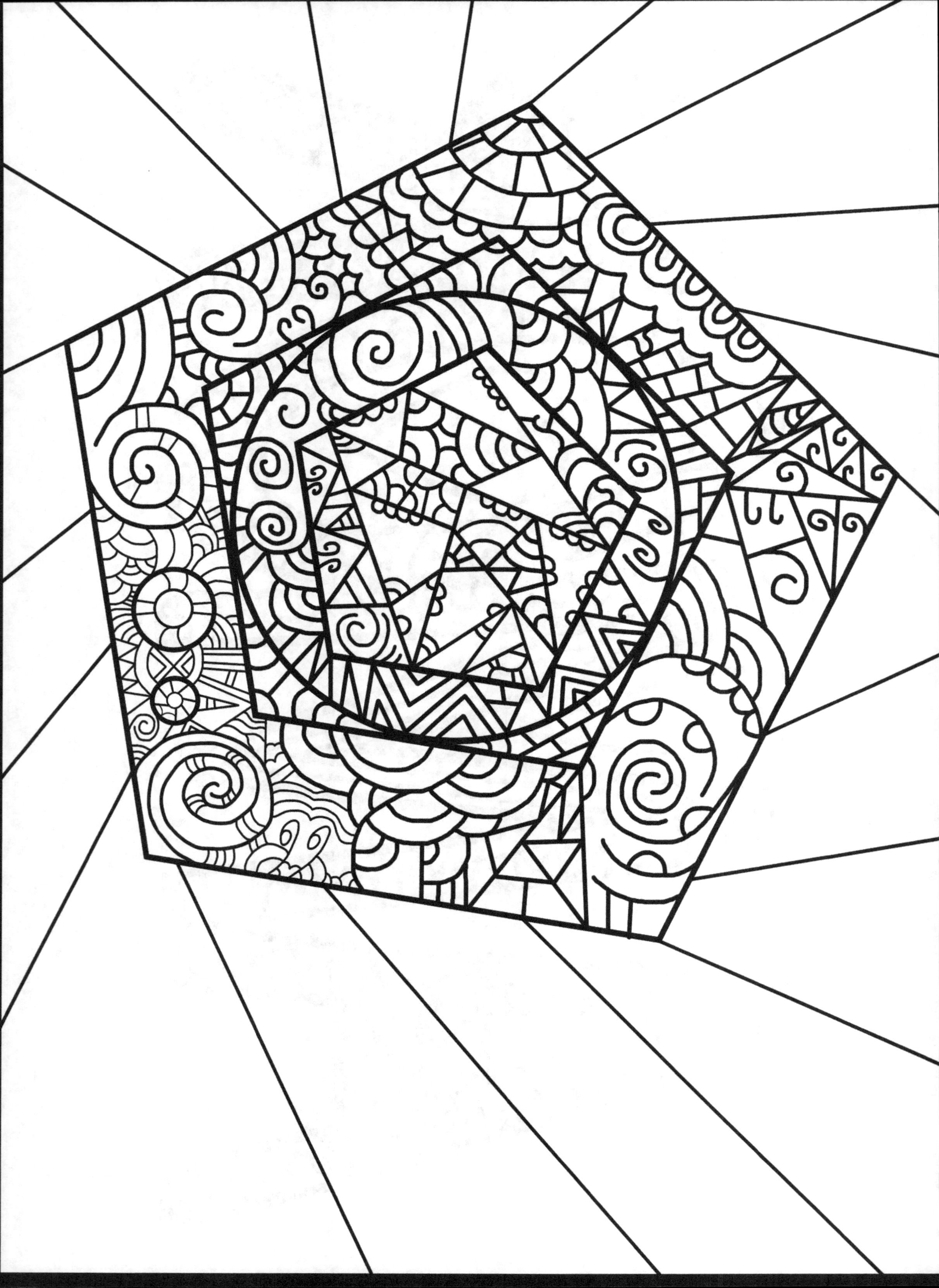

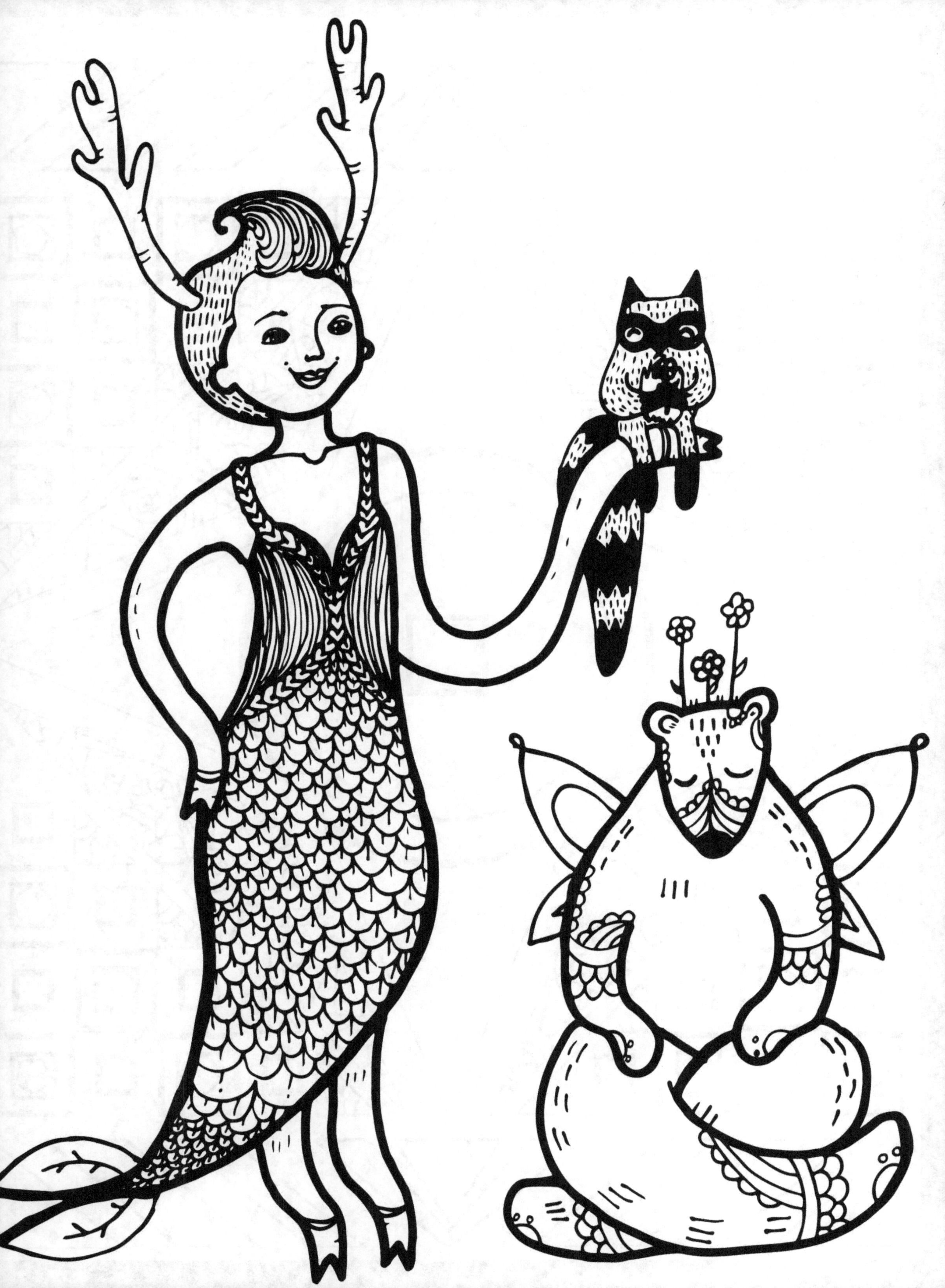

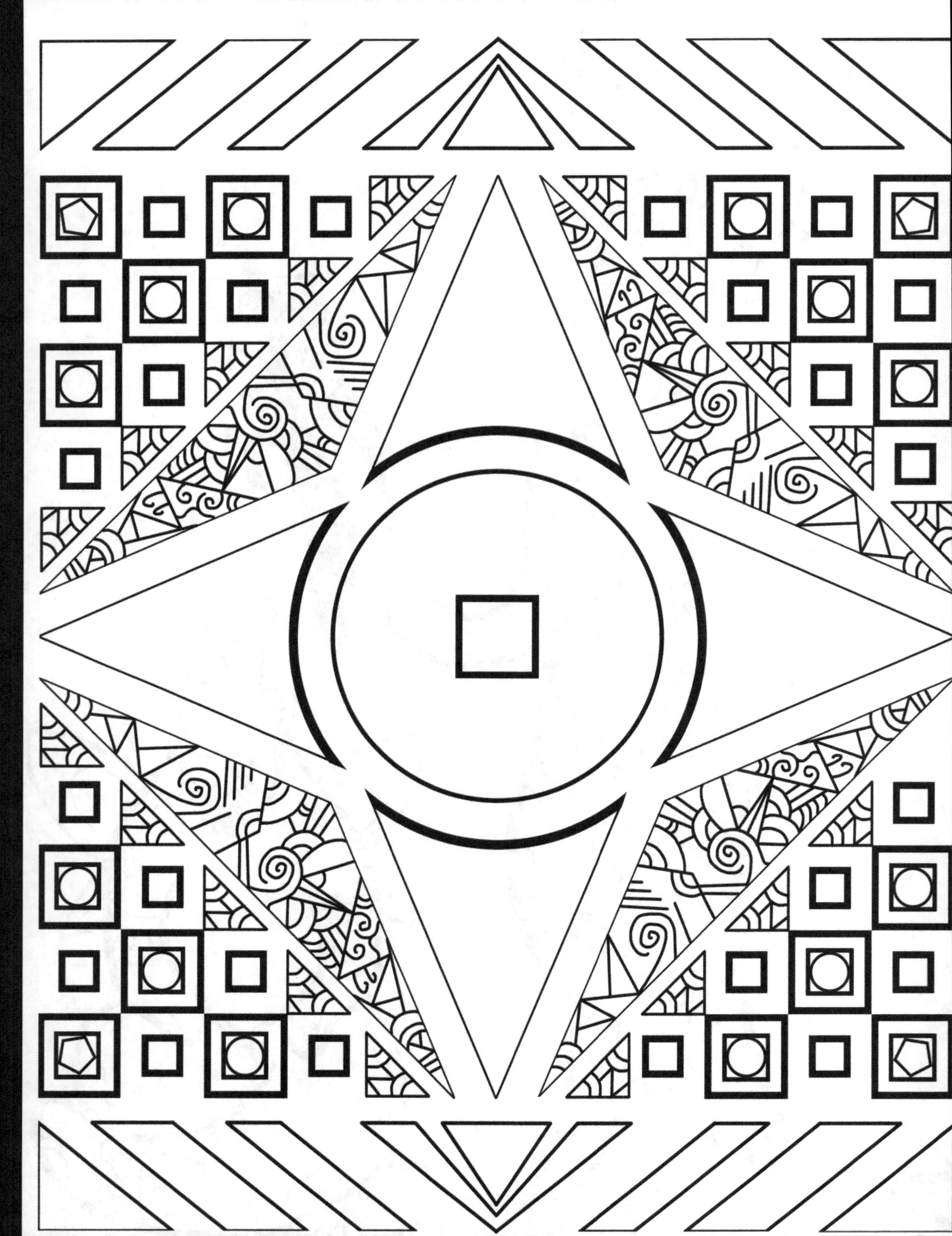

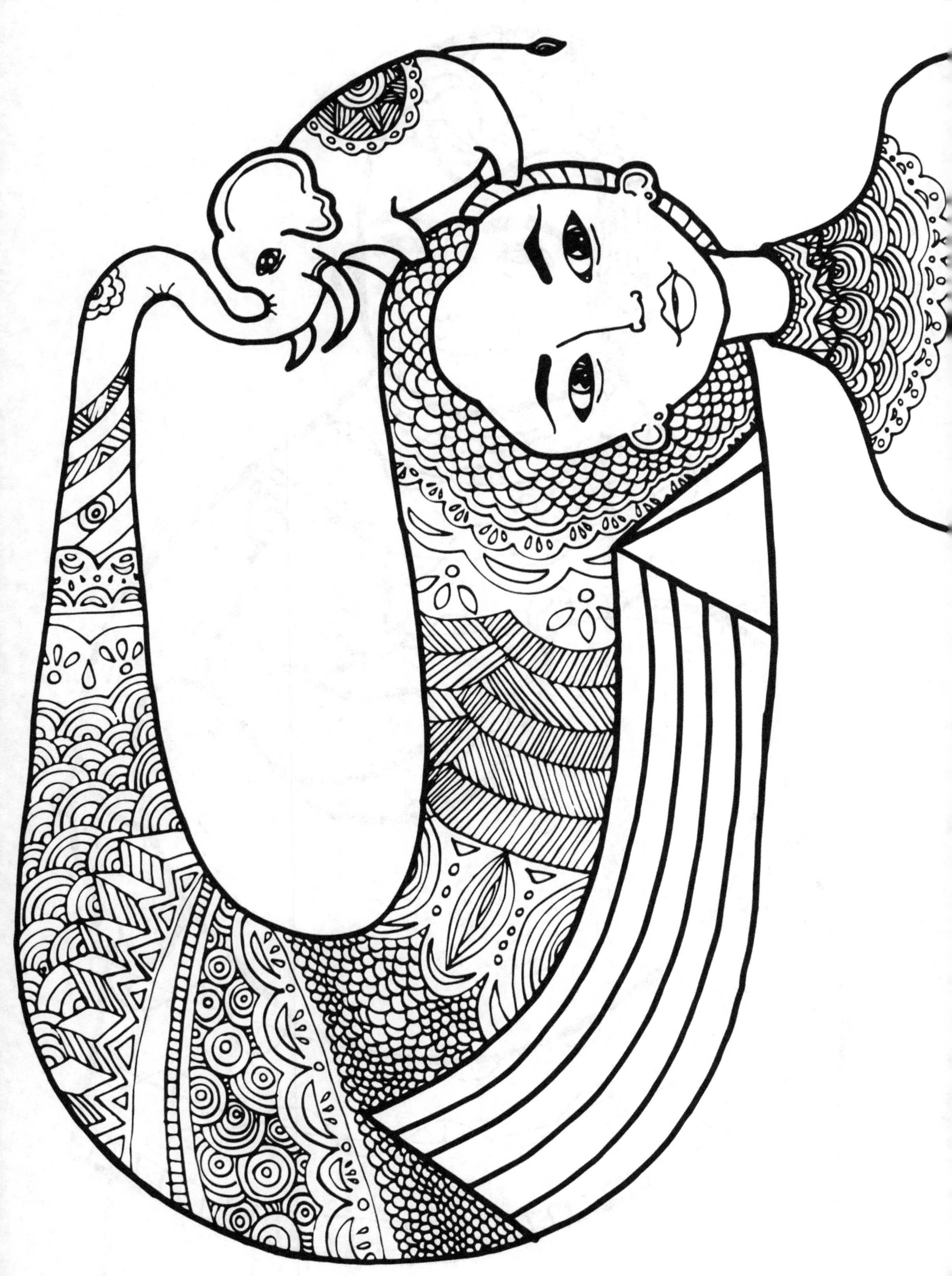

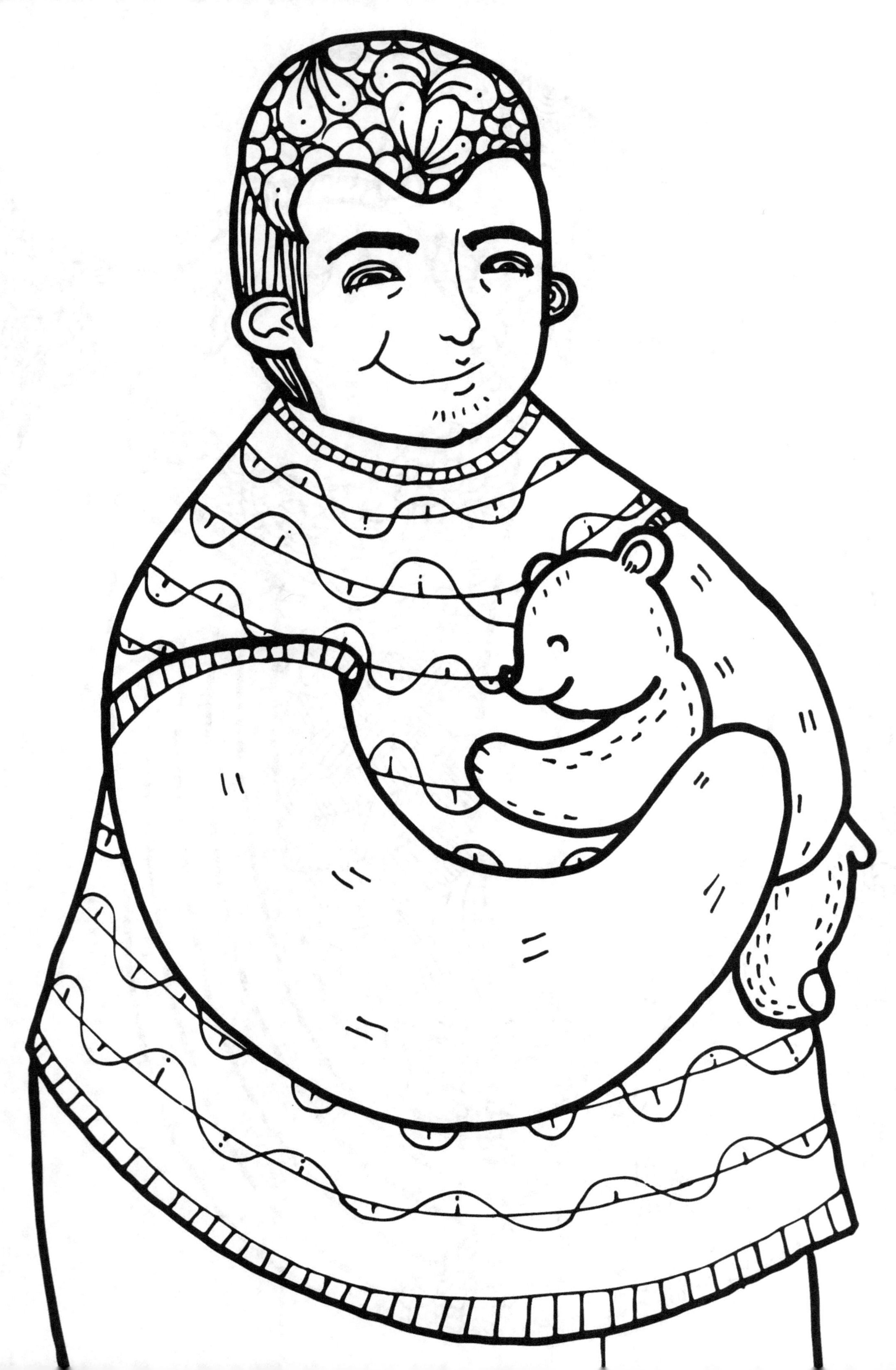

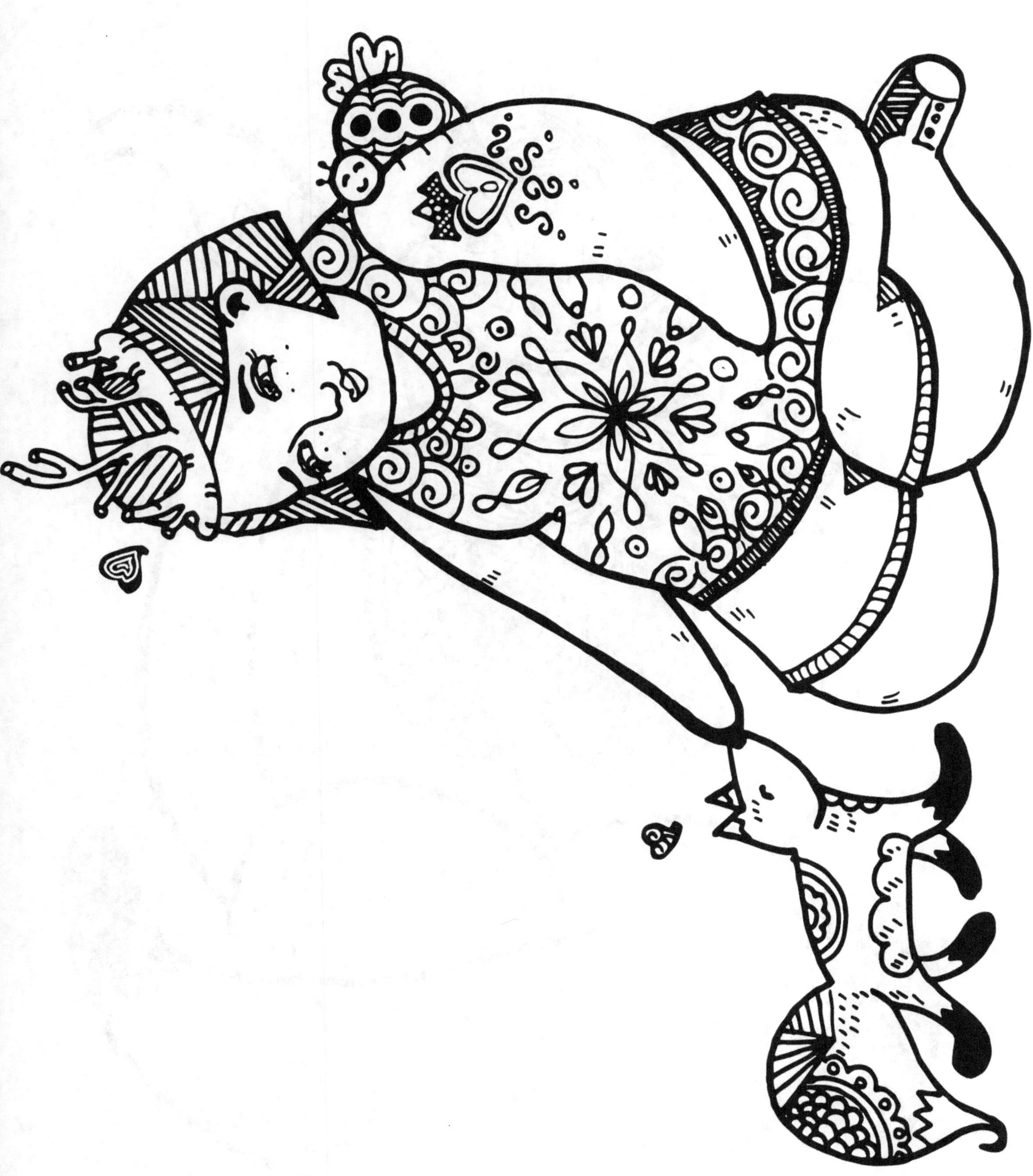

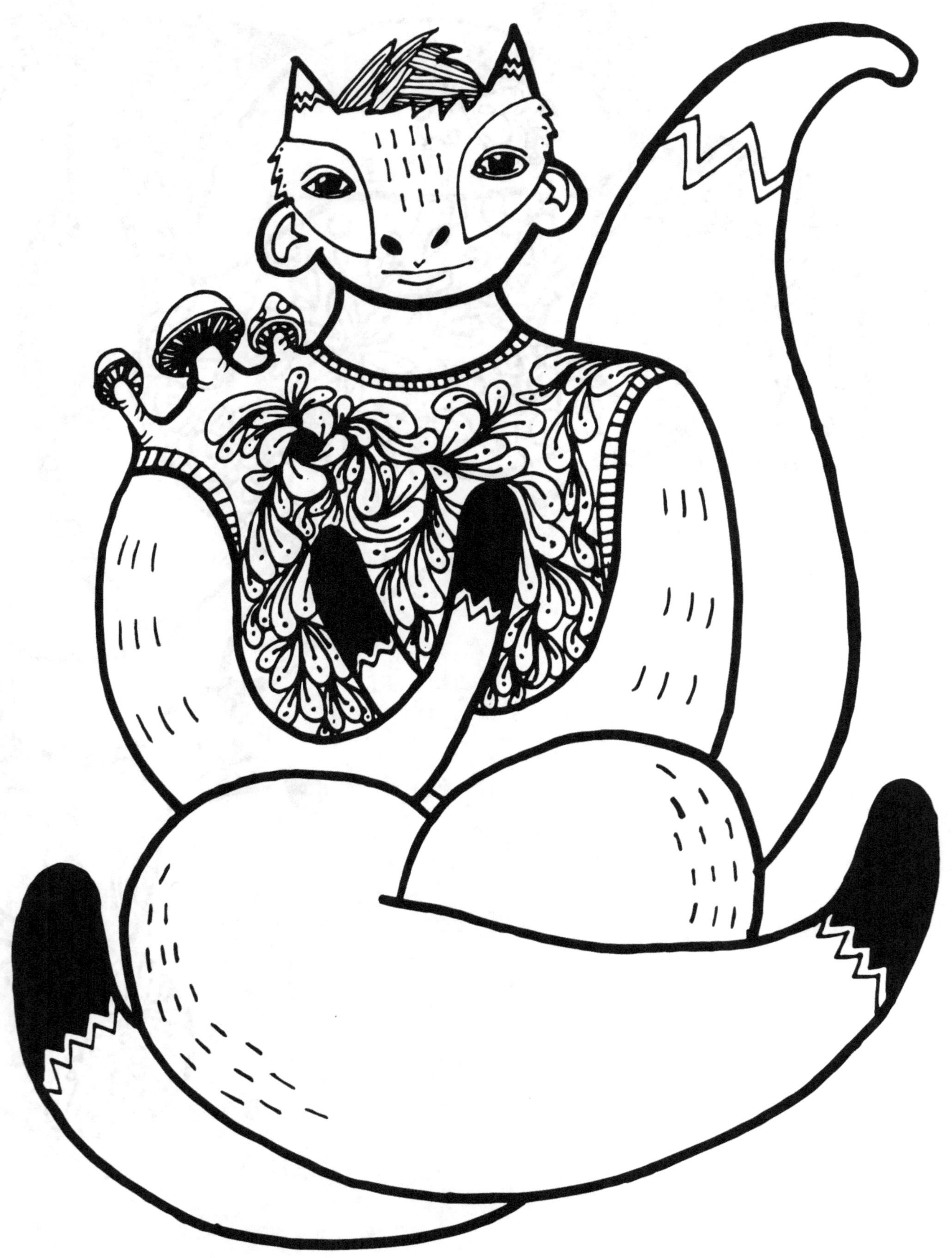

Sudoku

El objetivo del sudoku es incorporar un dígito
del *1* al *9* en cada célula, de tal manera que:

Cada columna horizontal contenga cada dígito exactamente una vez
Cada columna vertical contenga cada dígito exactamente una vez
Cada cuadrícula contenga cada dígito exactamente una vez

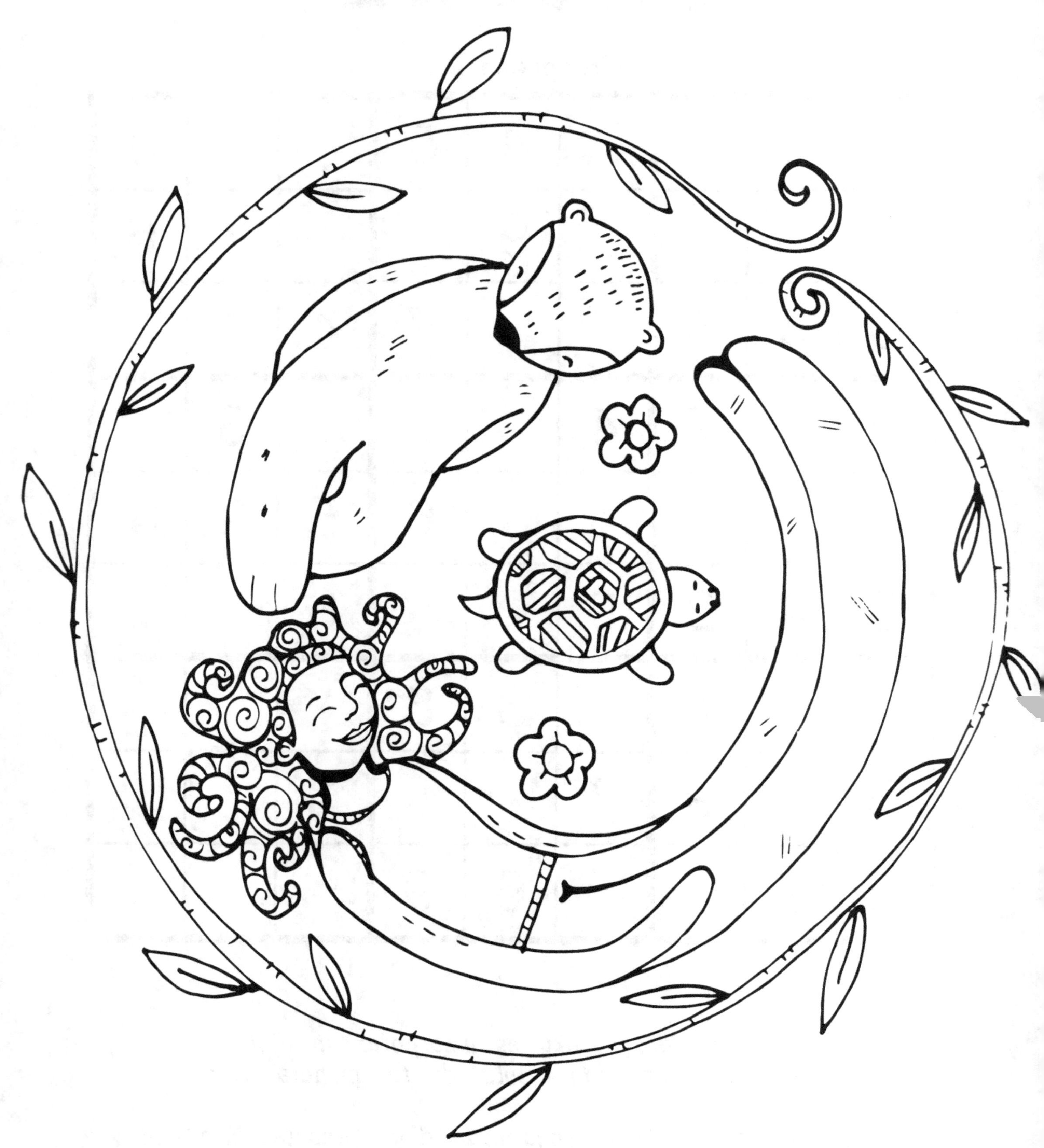

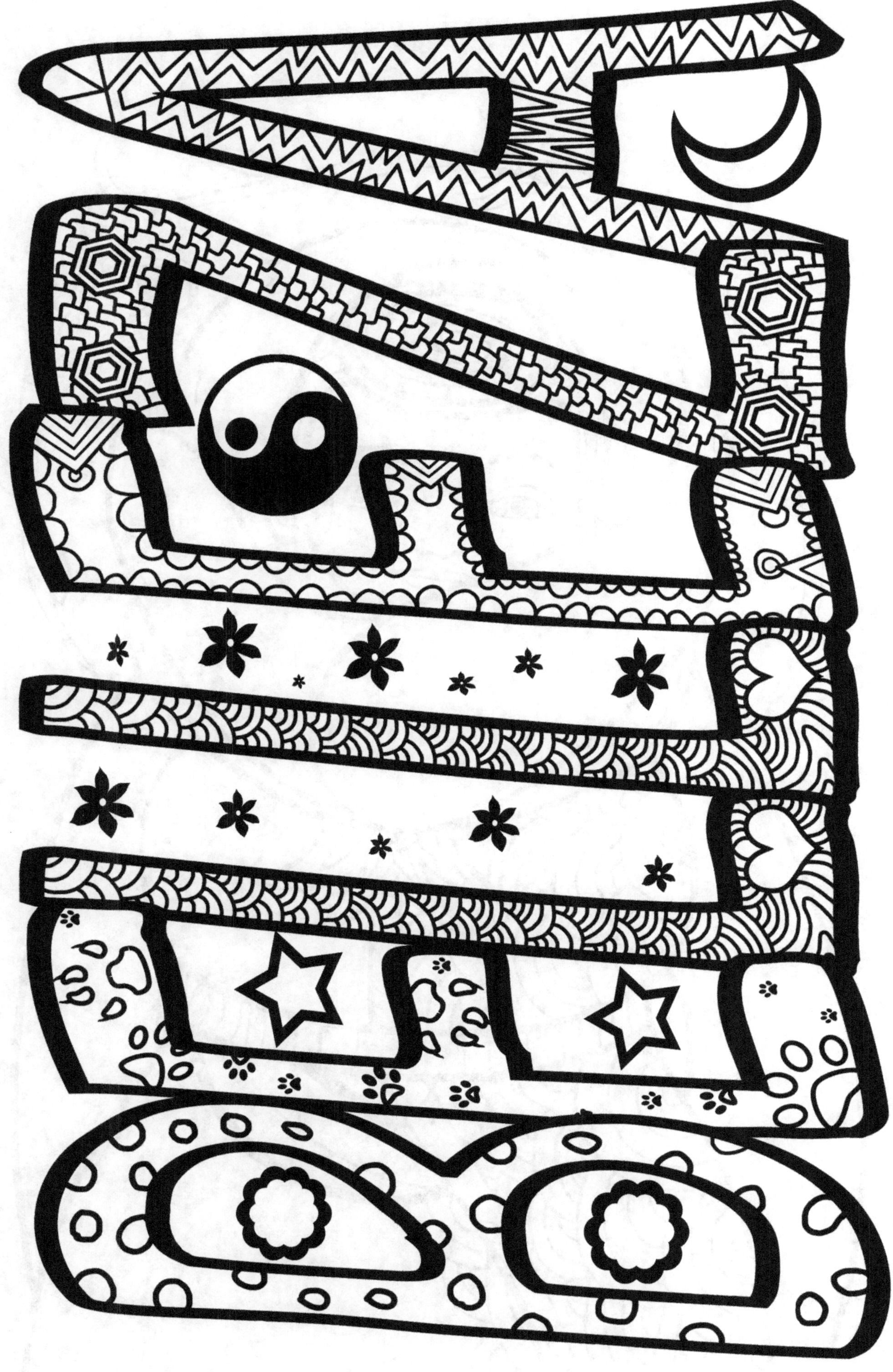

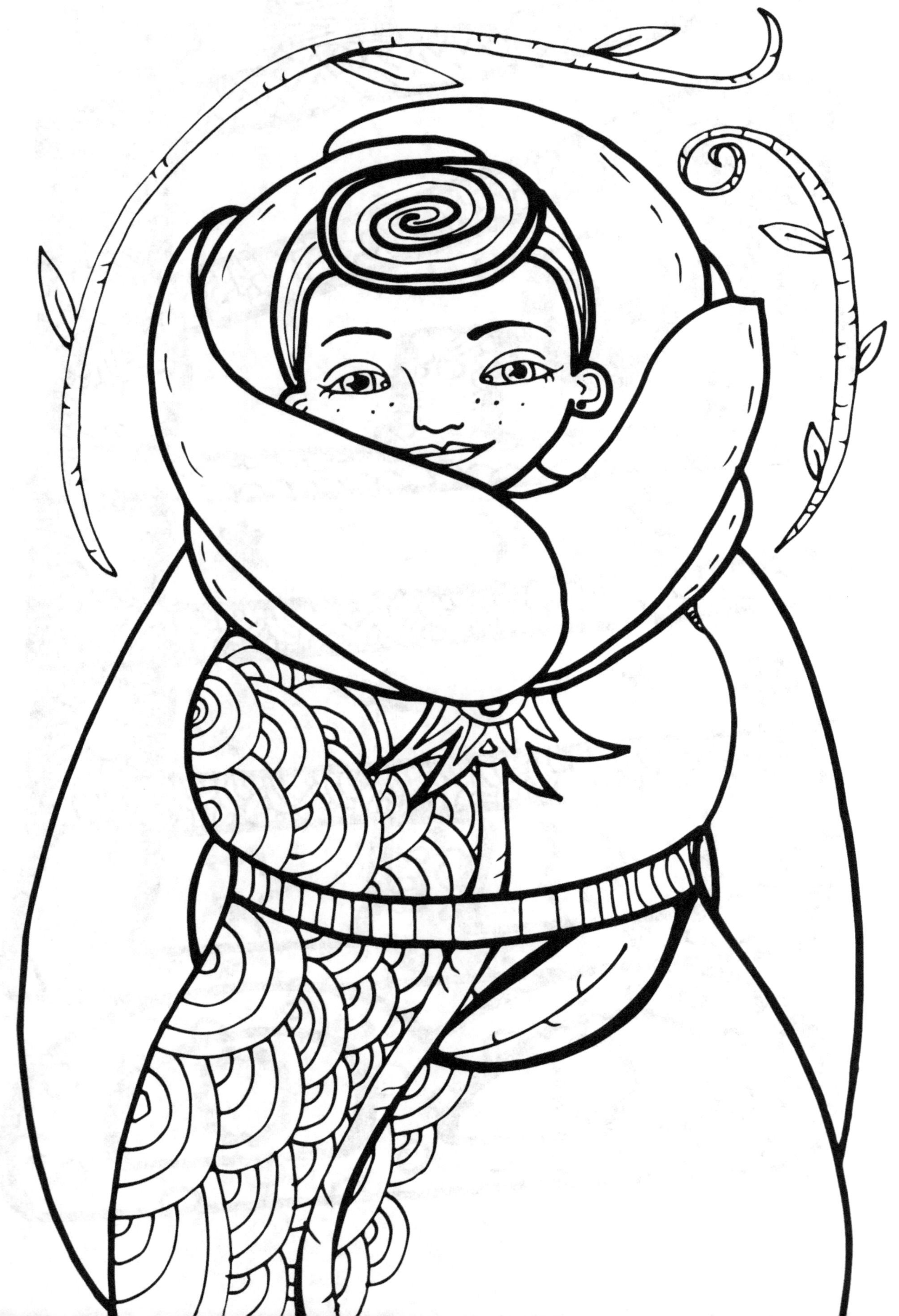

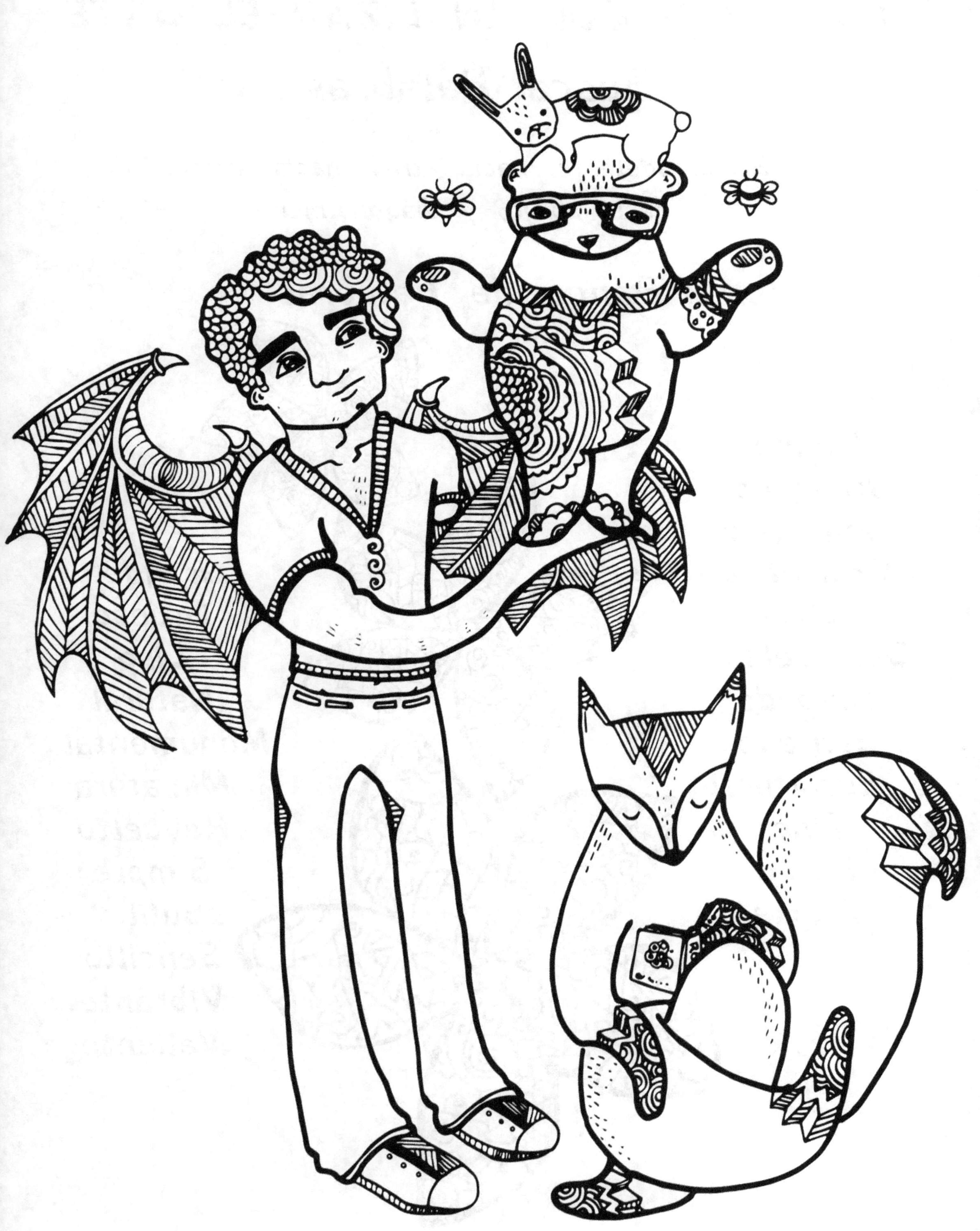

PALABRAS QUE ANALIZAN EL ARTE
Busca Palabras

Busca adelante, hacia atrás, hacia arriba, hacia abajo, y diagonalmente

Banco de Palabras

Angular
Apagado
Contraste
Dramatico
Delicado
Desnivelado
Delgado
Estirado
Escultural
Fino
Fluido
Fuerte

Grande
Grueso
Liso
Natural
Monumental
Miniatura
Revuelto
Simple
Sutil
Sencillo
Vibrante
Valiente

PALABRAS QUE ANALIZAN EL ARTE

N R K K J S Q F V R K D X G A T B Q Y F
A O S D X R E V U E L T O X N Z L I S O
T D O D E L I C A D O R C L I T U S U Q
U A A U F S B N D J J J H F W K A F N C
R R P G X M N E E O V D U R A M L K H H
A I A V C L L I O U J T U P Z G Y Y S N
L T G R X G A L V G G S R Y M K T W R P
Y S A N A P V D A E E A X O K U Z I M S
N E D D K Q N O T T L S E T N A R B I V
S Z O T Q E X S C U N A C B Z C J M N T
E H T C J D A C G V B E D U Z C P D I V
D Z H J O R R N J X R N M O L L F H A I
N H O G T L A P R V T U W U E T Q H T O
A D B N R S L L Z C A I U L N O U G U D
R U O T I Q J I C D D L S Y U O A R R I
G C X G V F V L C X T Q I F M M M U A U
D A T W O M C M Q N E T R E U F W E I L
I L I L O W J S J D E A Q B N T R S L F
V M F G F N X F G J L S R T A T E O F D
Z Z H S G O C I T A M A R D I G E S R U

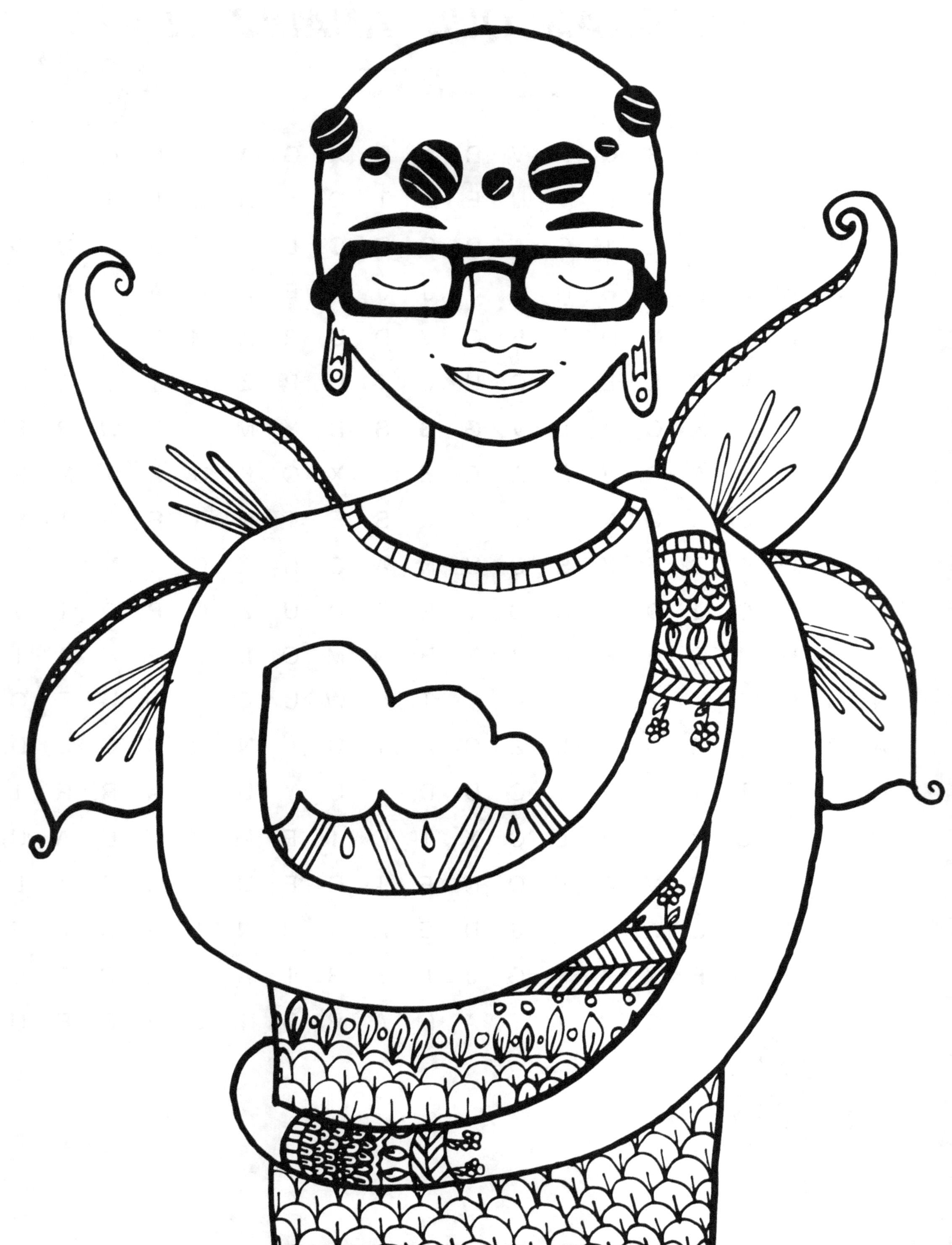

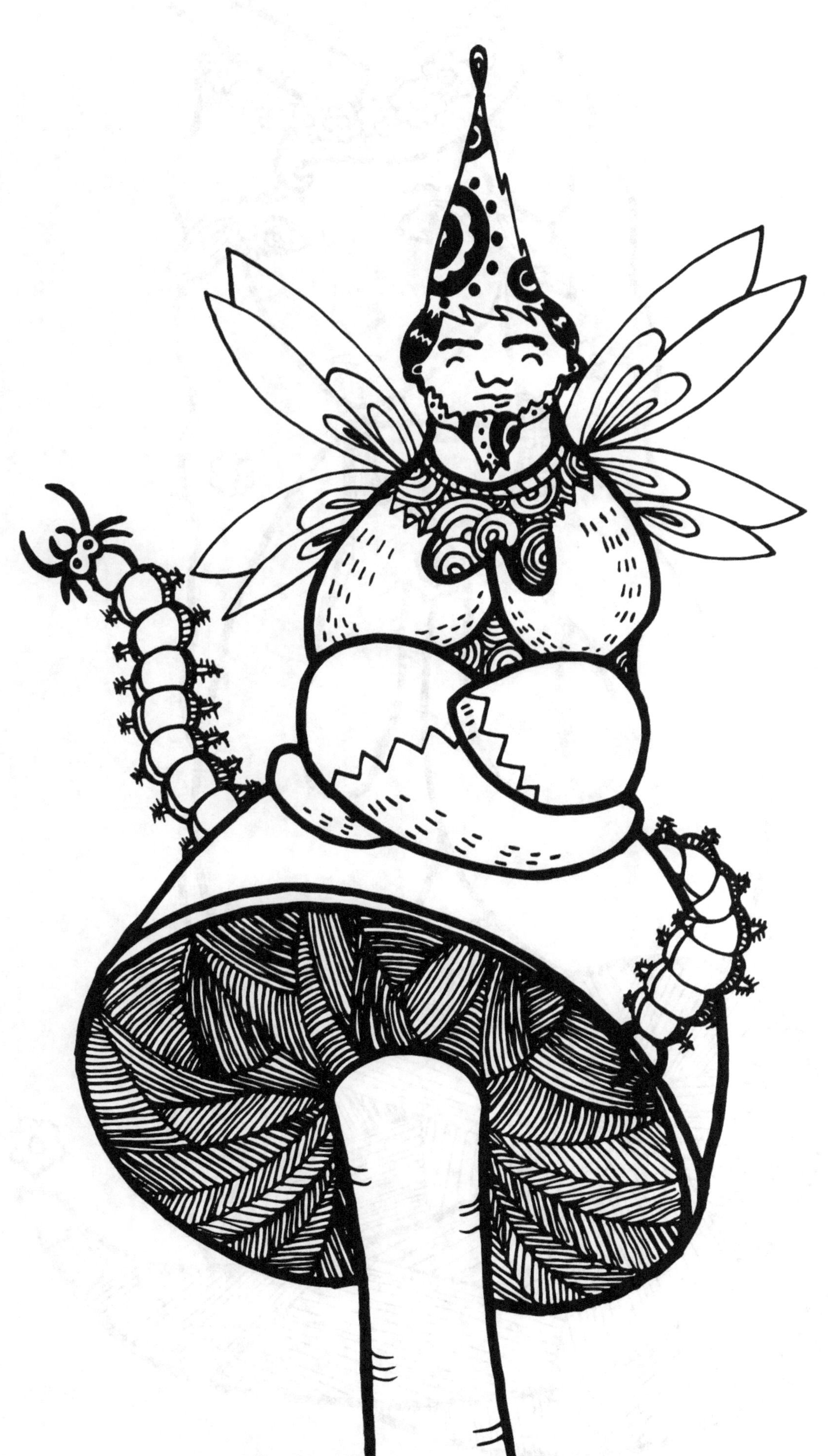

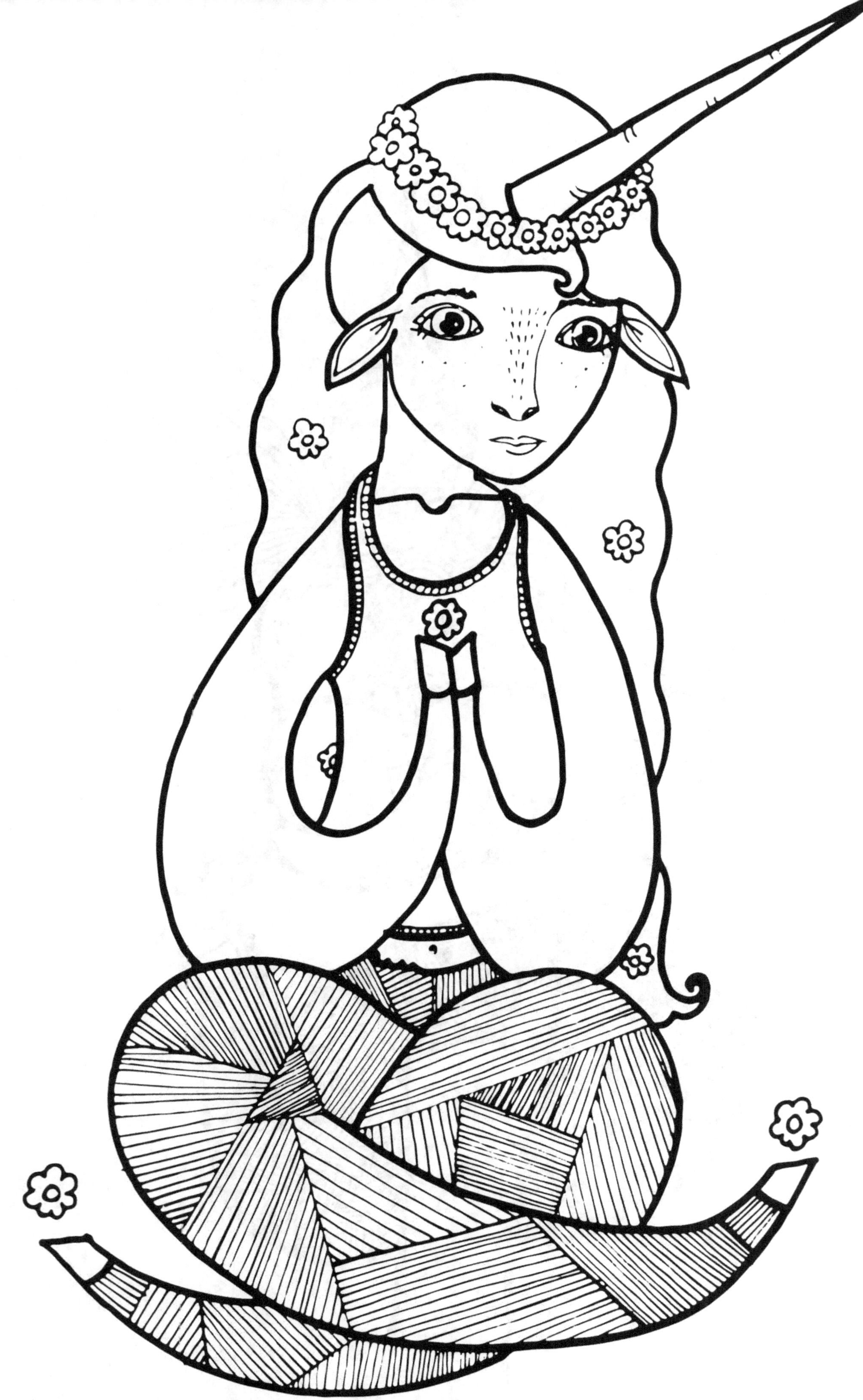

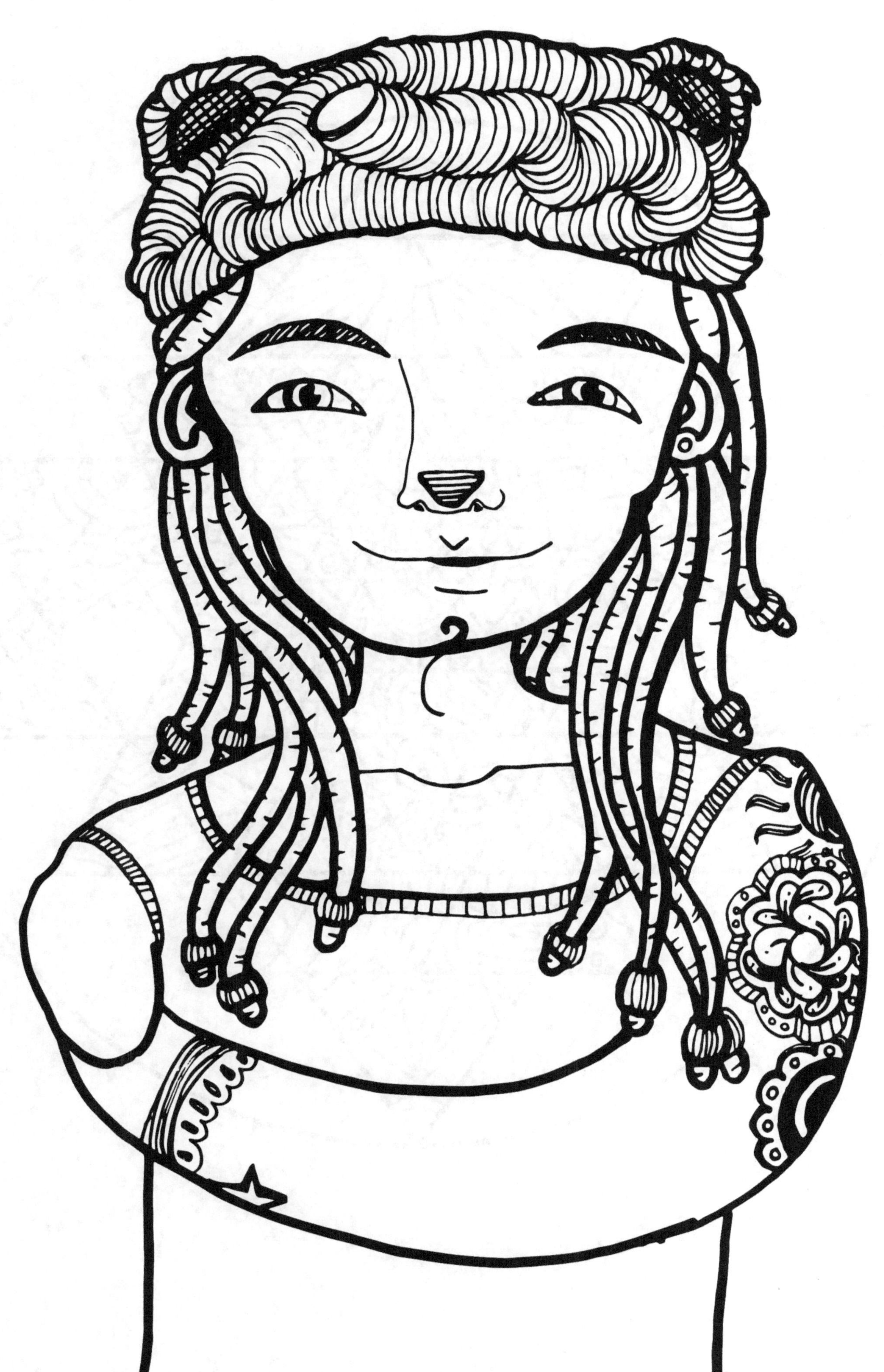

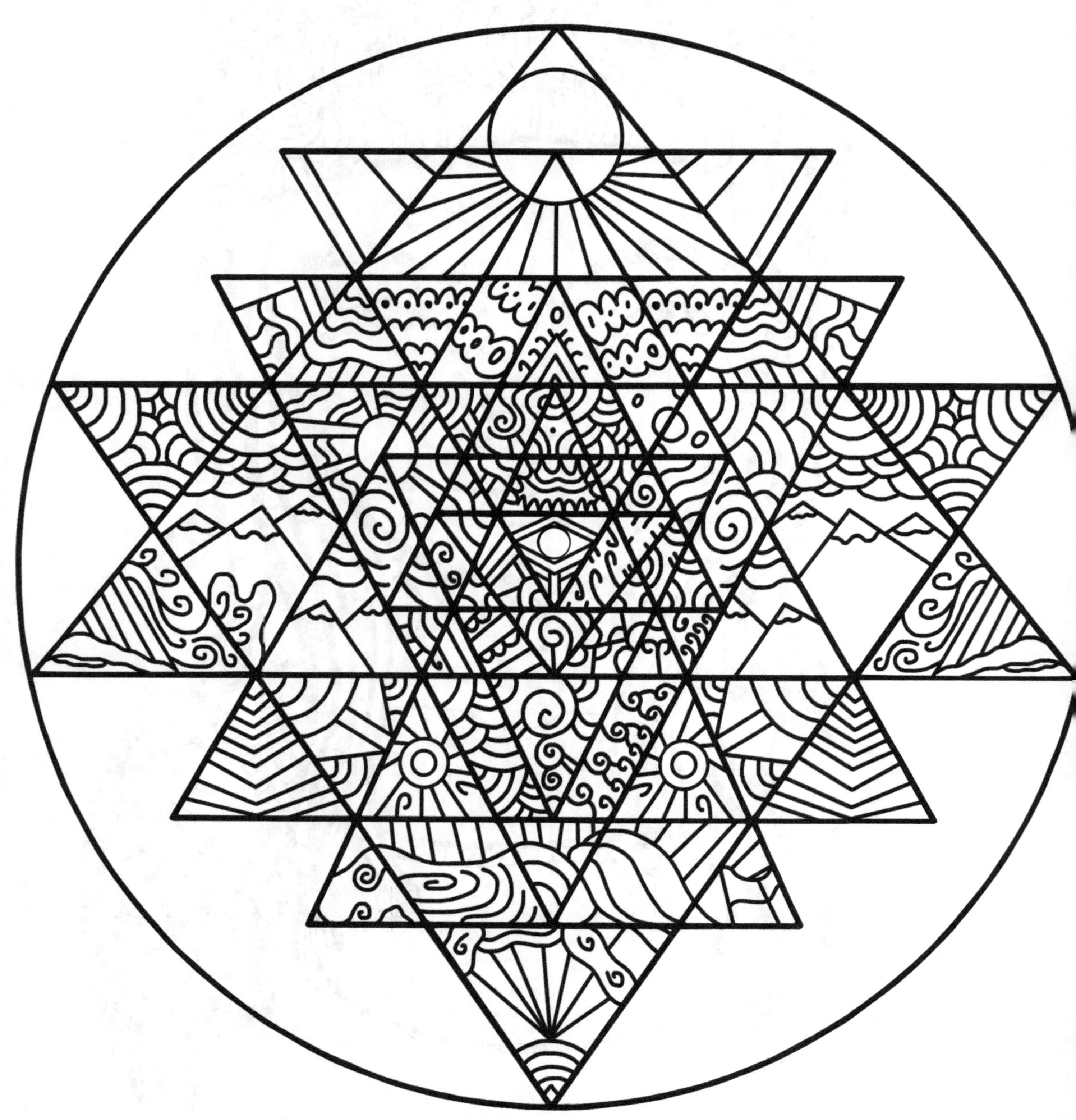

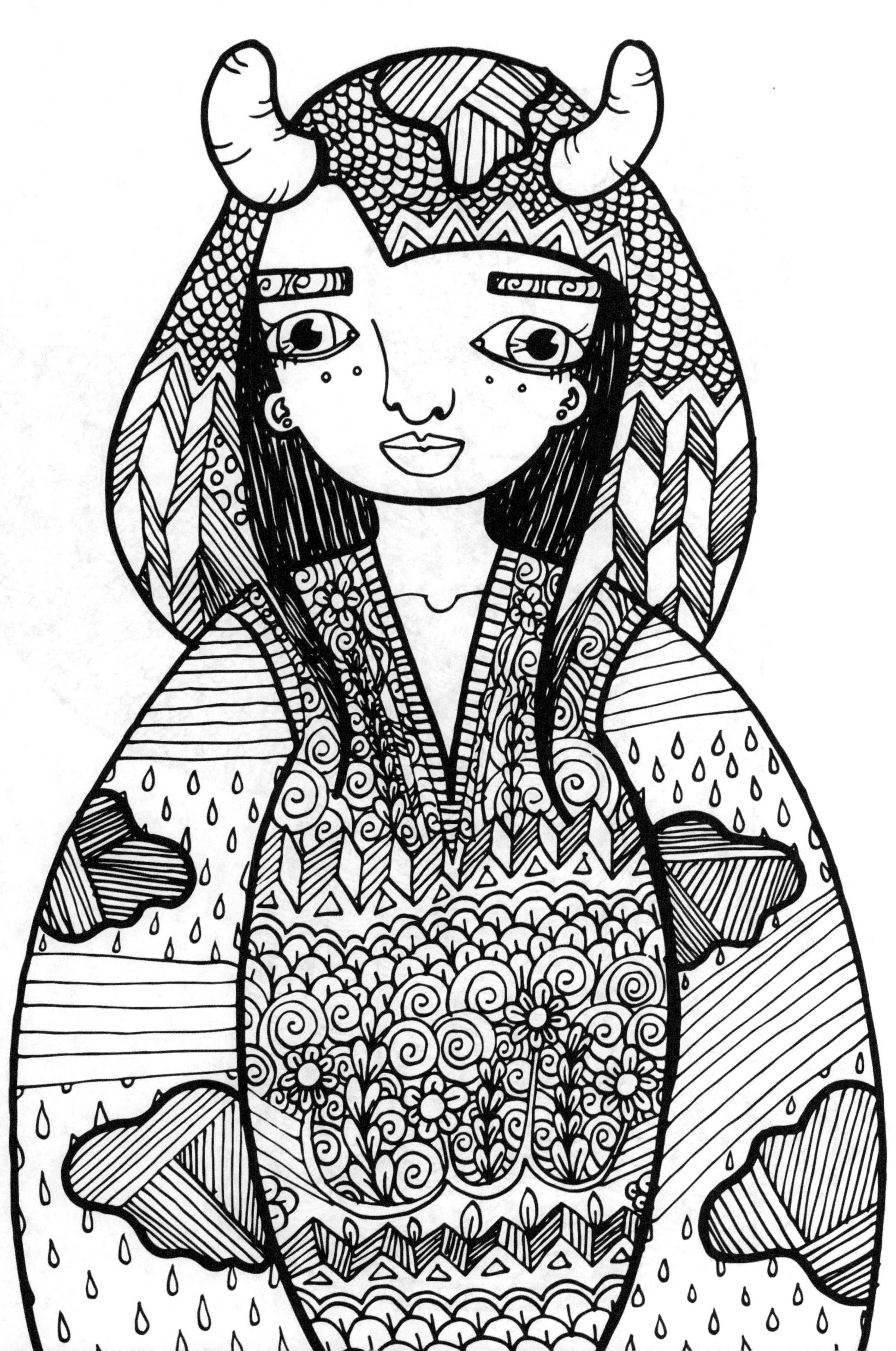

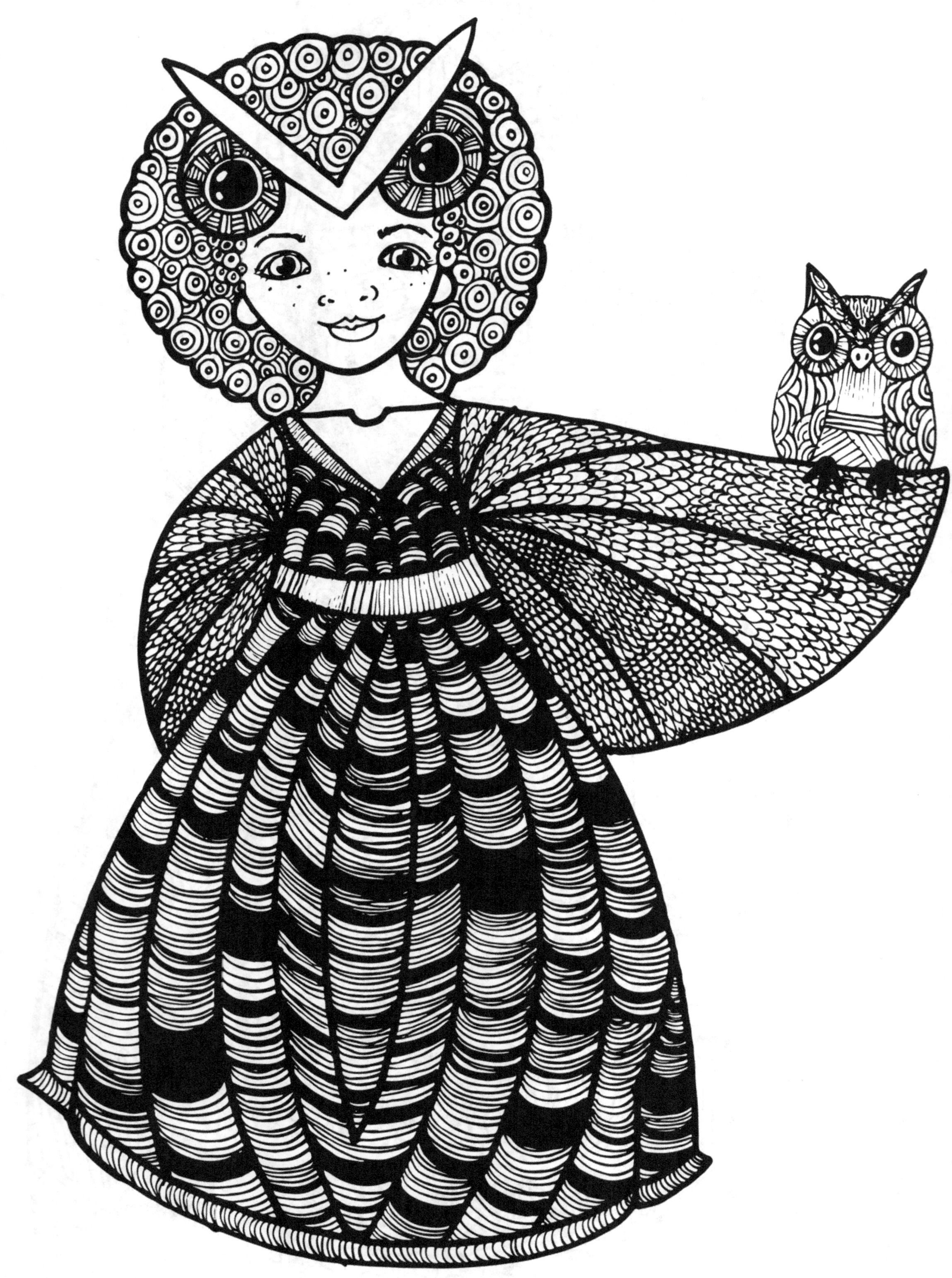

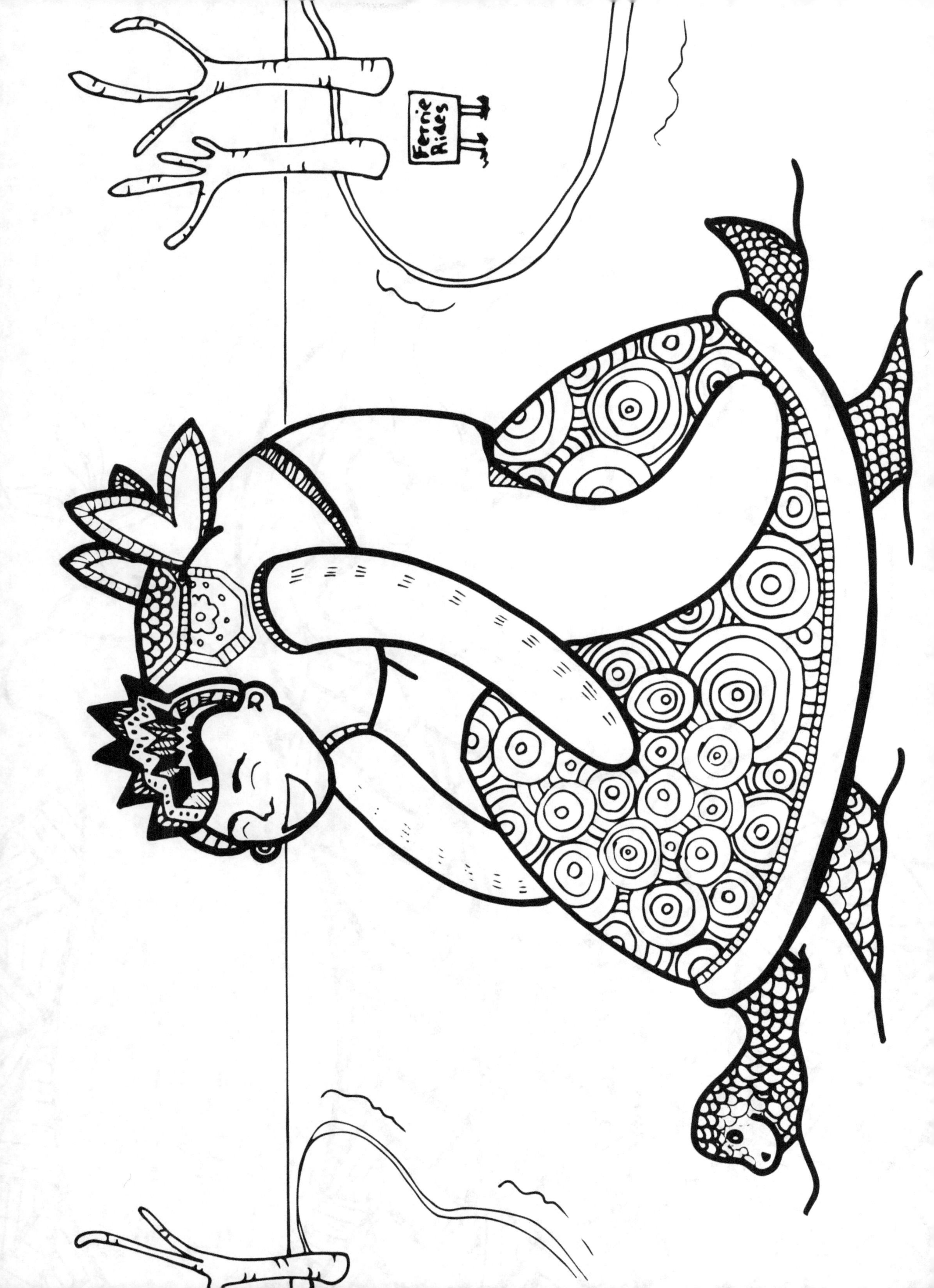
Fernie Rides

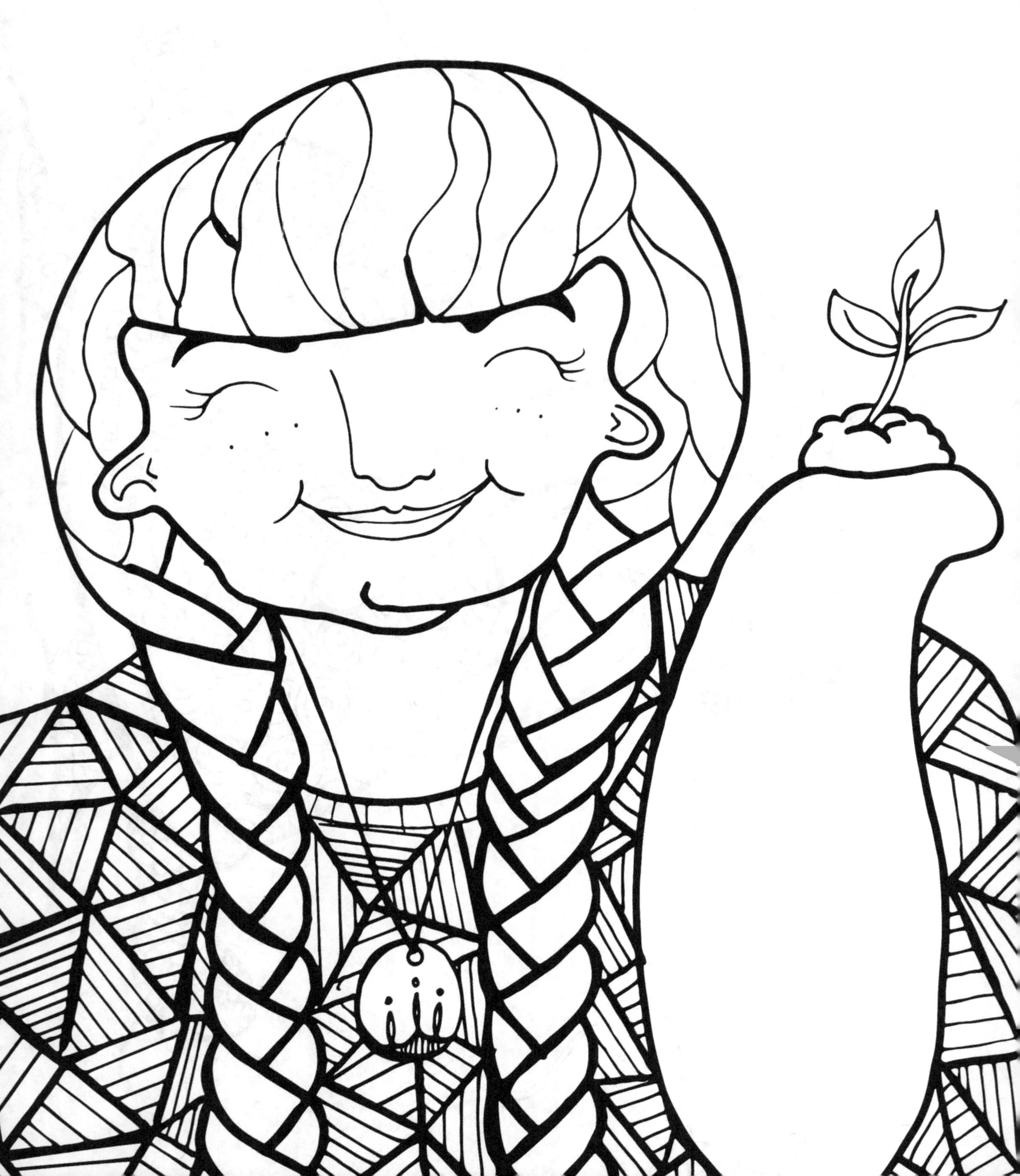

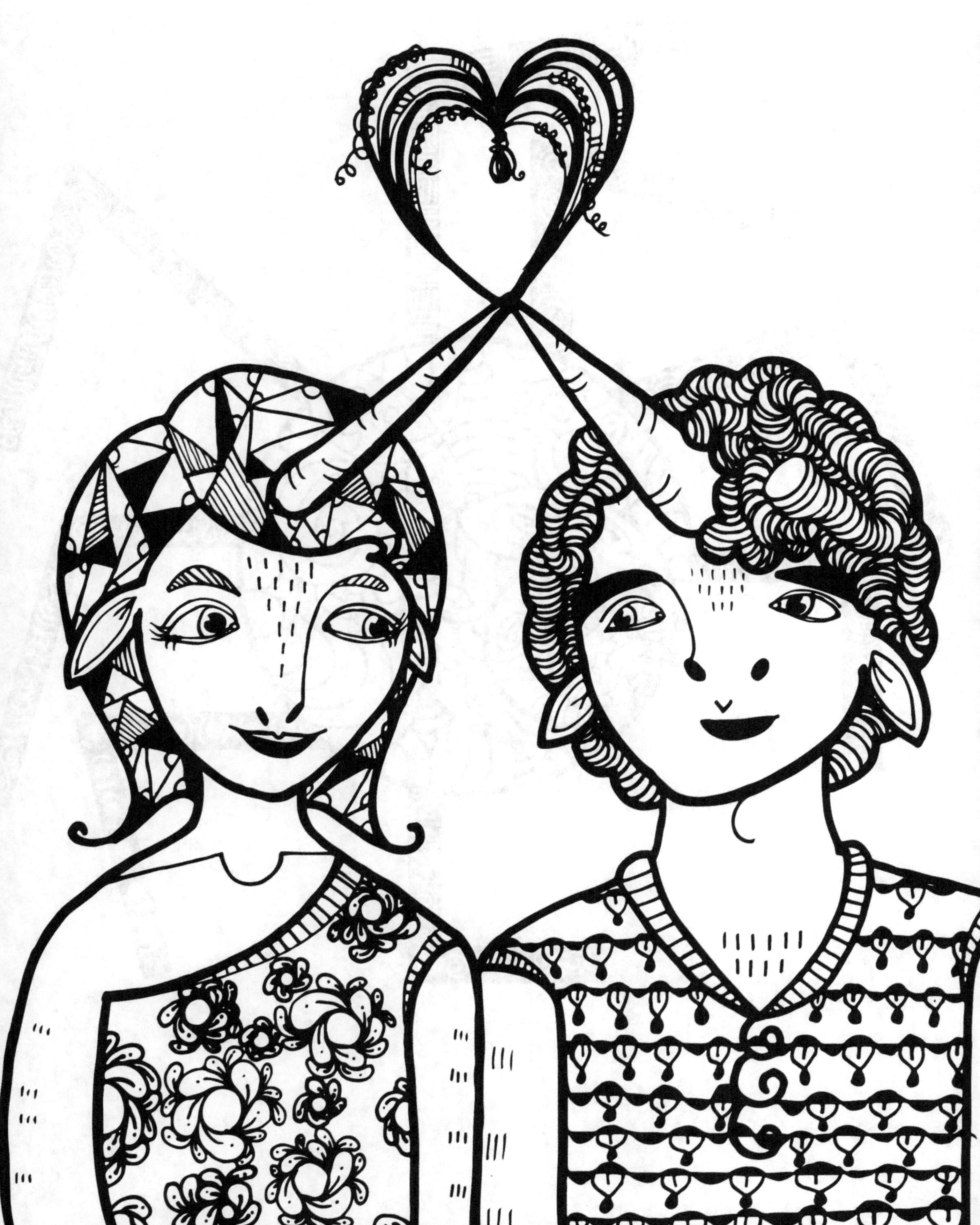

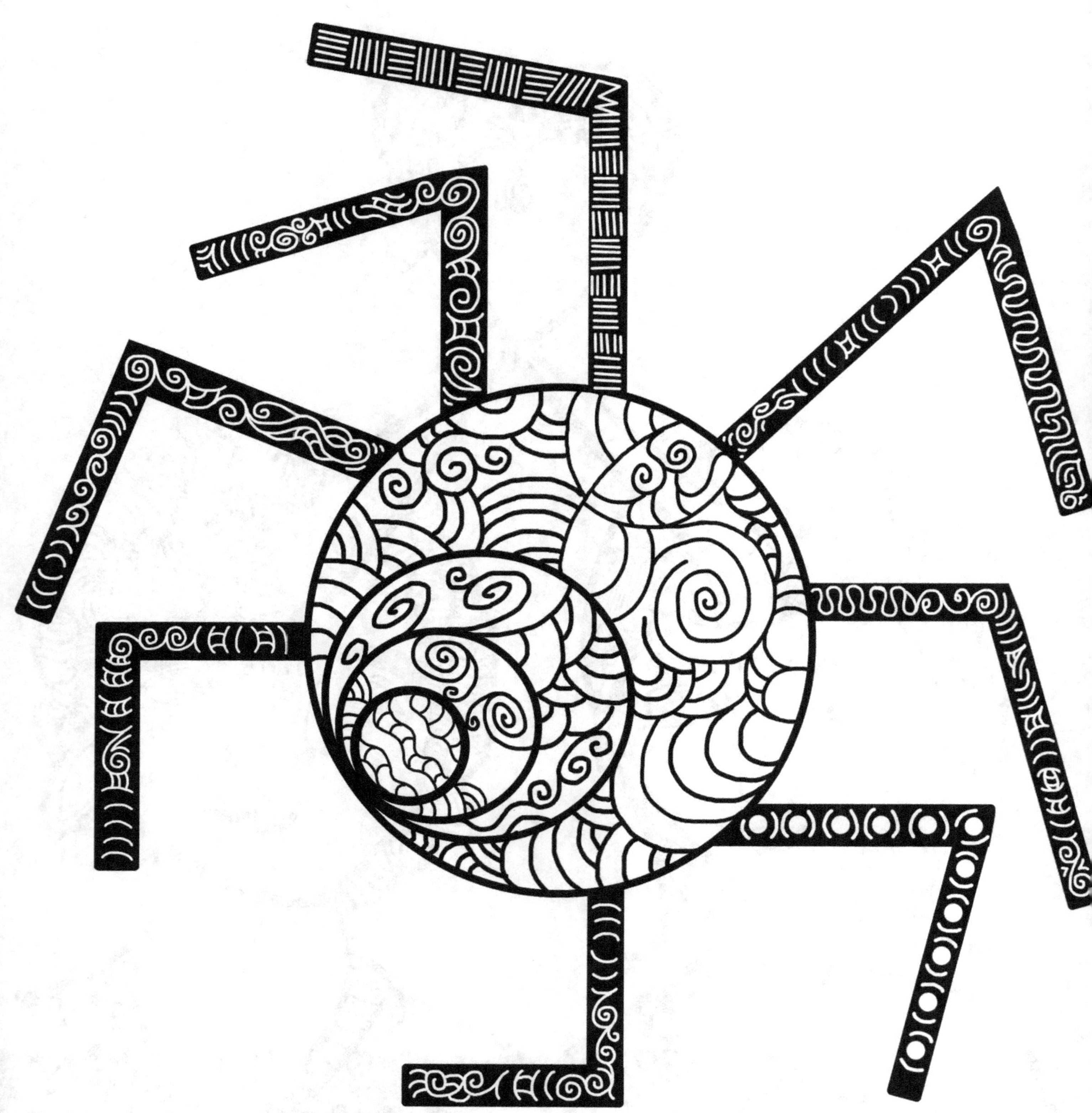

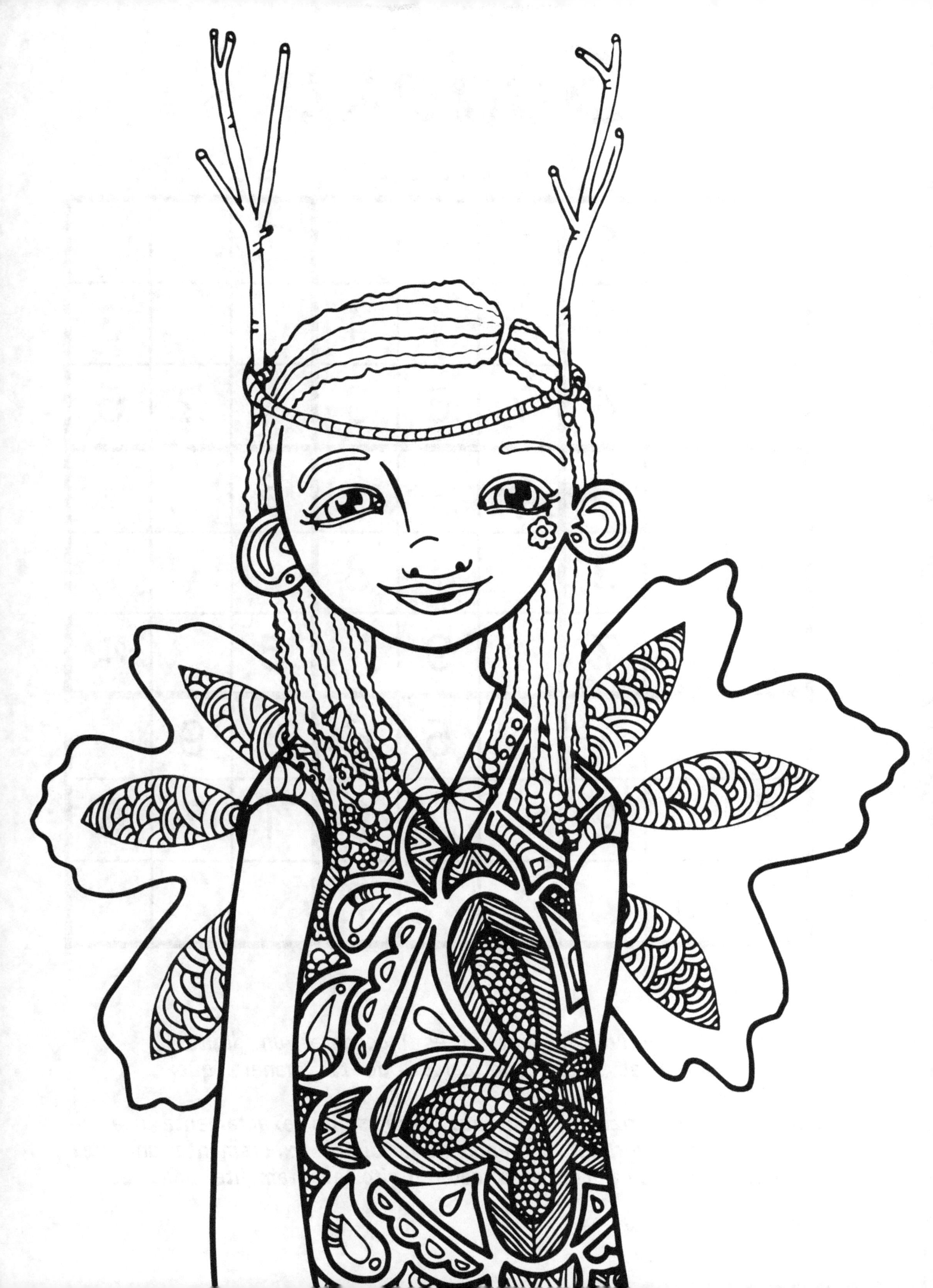

Sudoku

Crucigrama 2

9	3	6				7		
				1	4			8
	1	4	7	6	3		2	5
			6			3		
1		3			8			
		7		9		5		4
		1		5	6	8	9	
5		2			9	1	7	6
3	6		1		7			

El objetivo del sudoku es incorporar un dígito
del 1 al 9 en cada célula, de tal manera que:

Cada columna horizontal contenga cada dígito exactamente una vez
Cada columna vertical contenga cada dígito exactamente una vez
Cada cuadrícula contenga cada dígito exactamente una vez

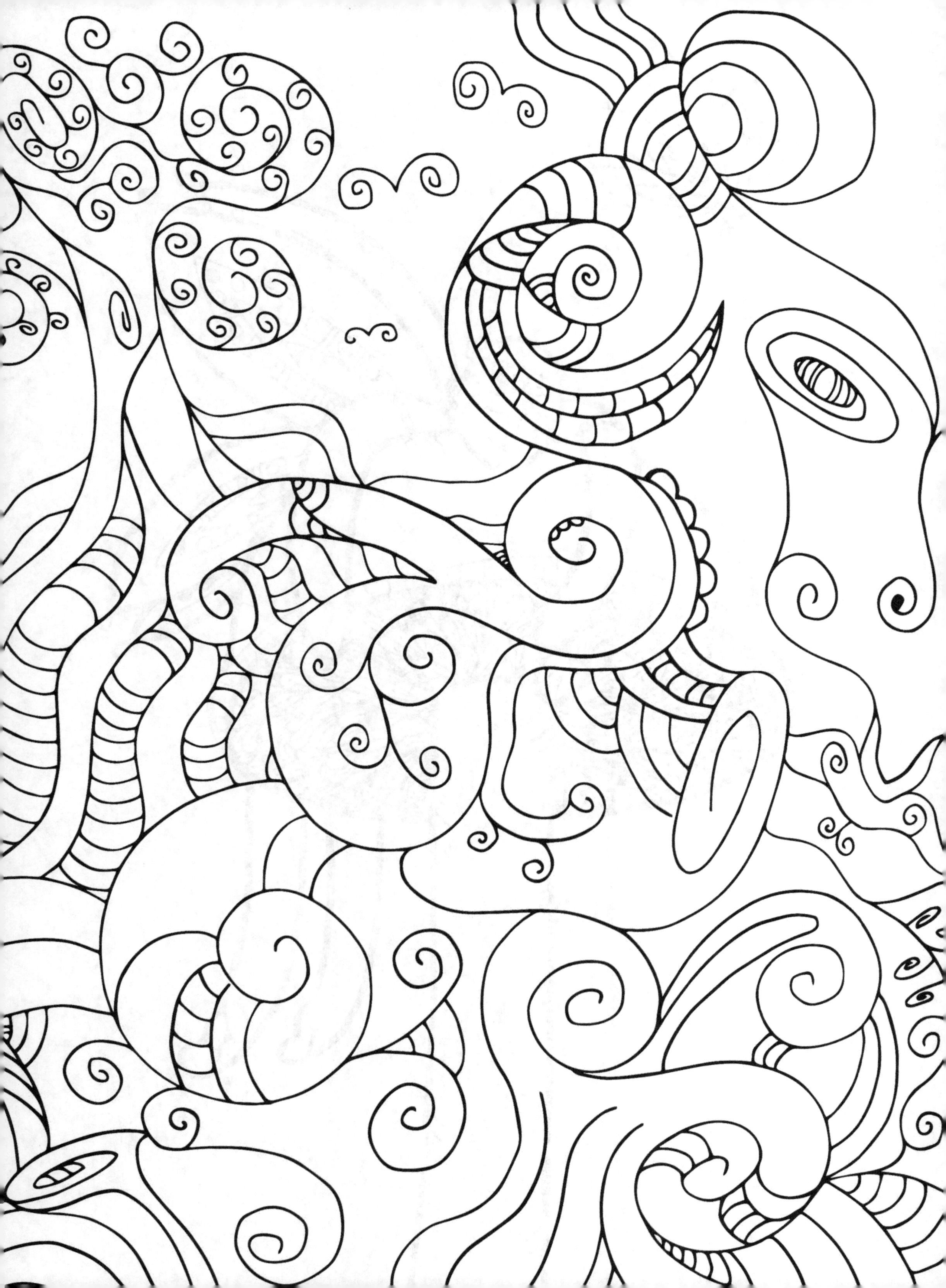

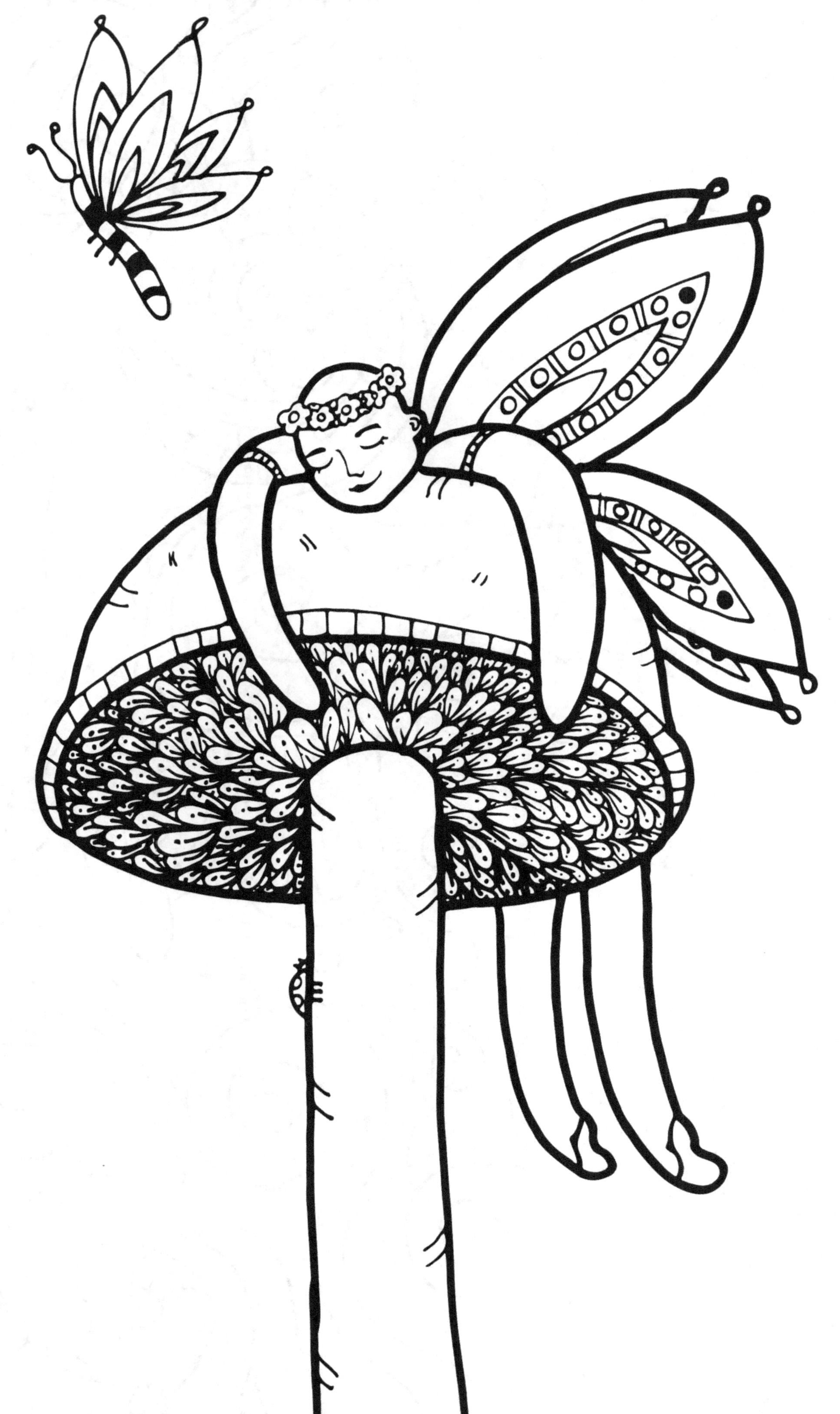

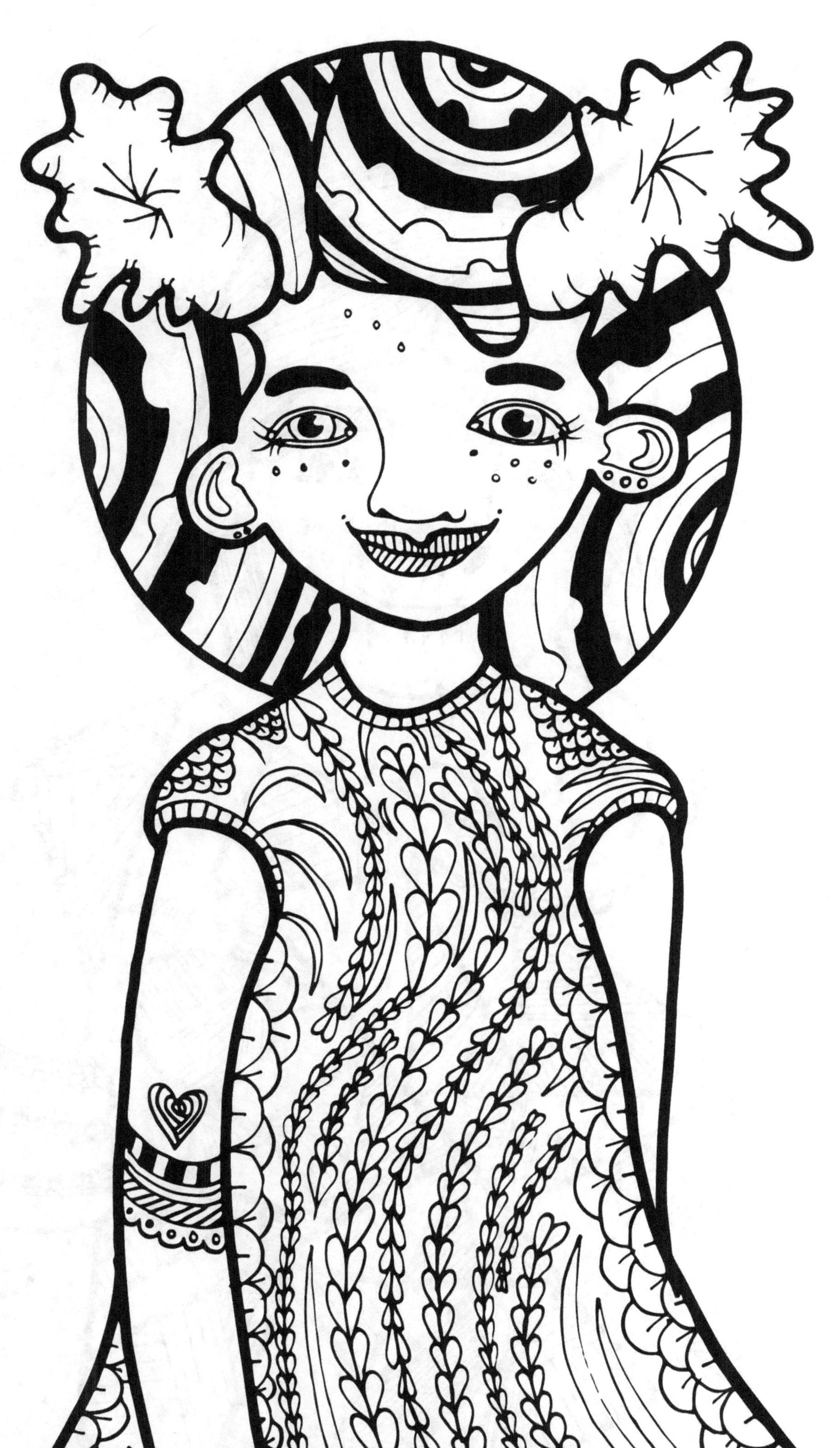

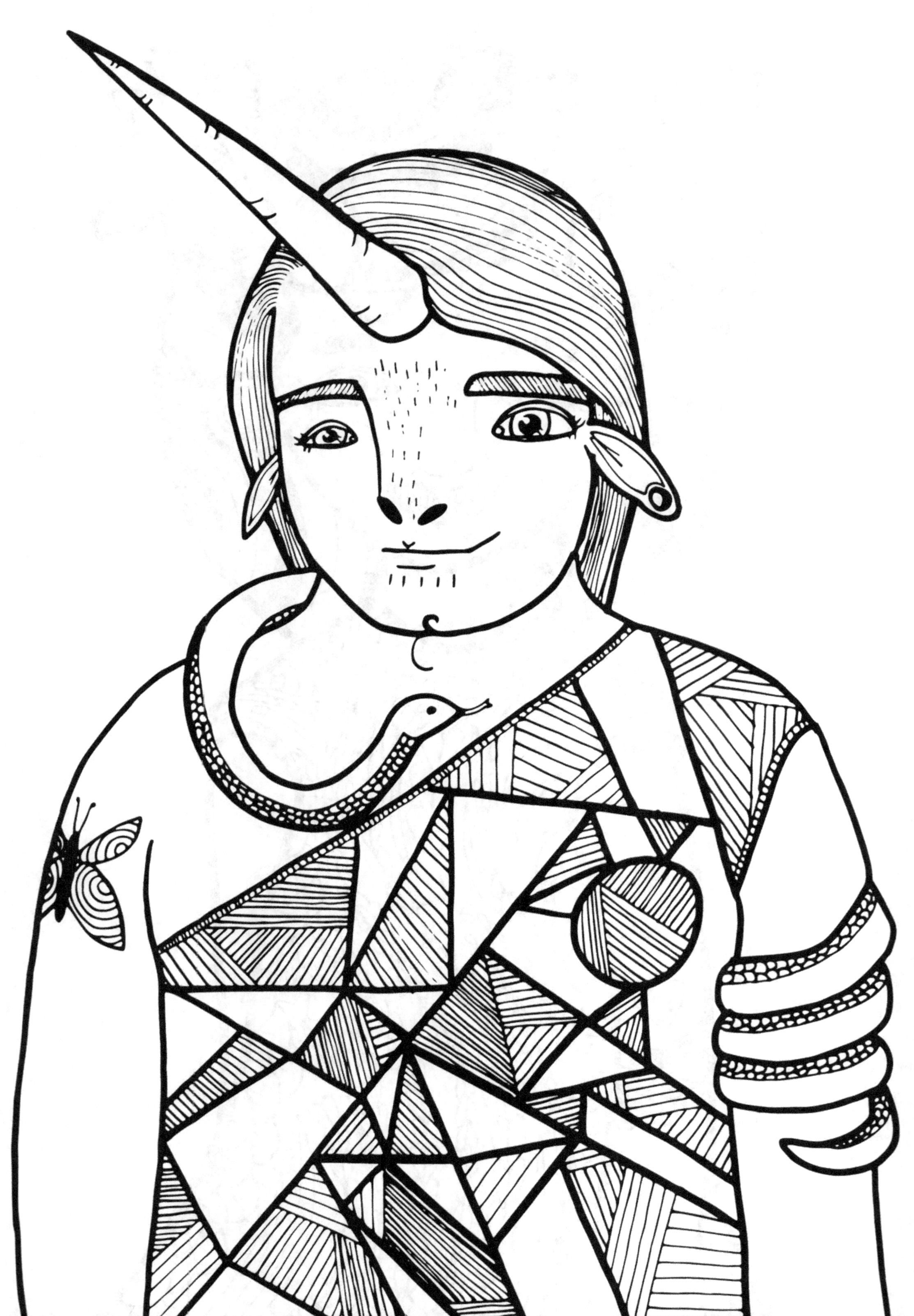

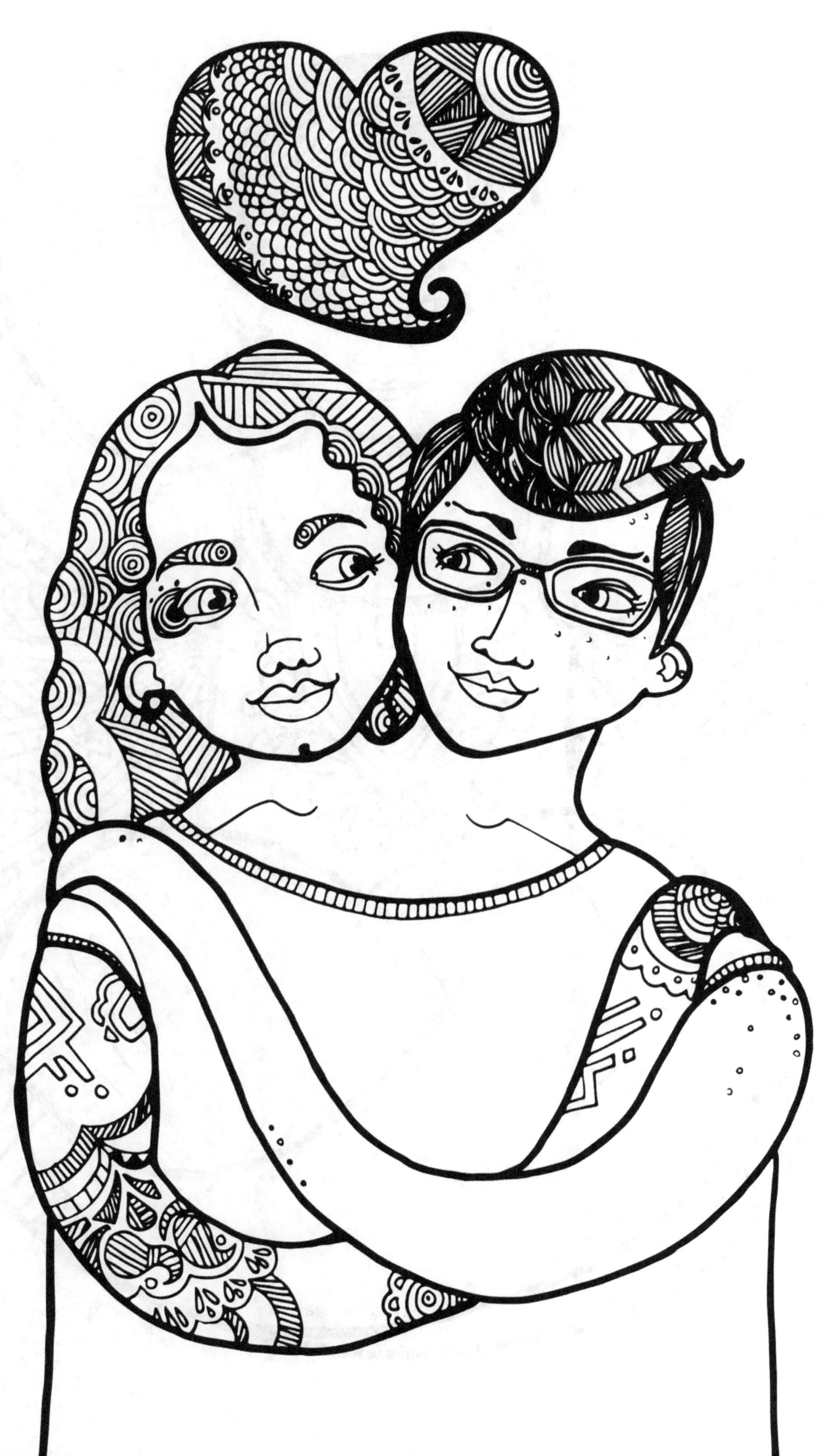

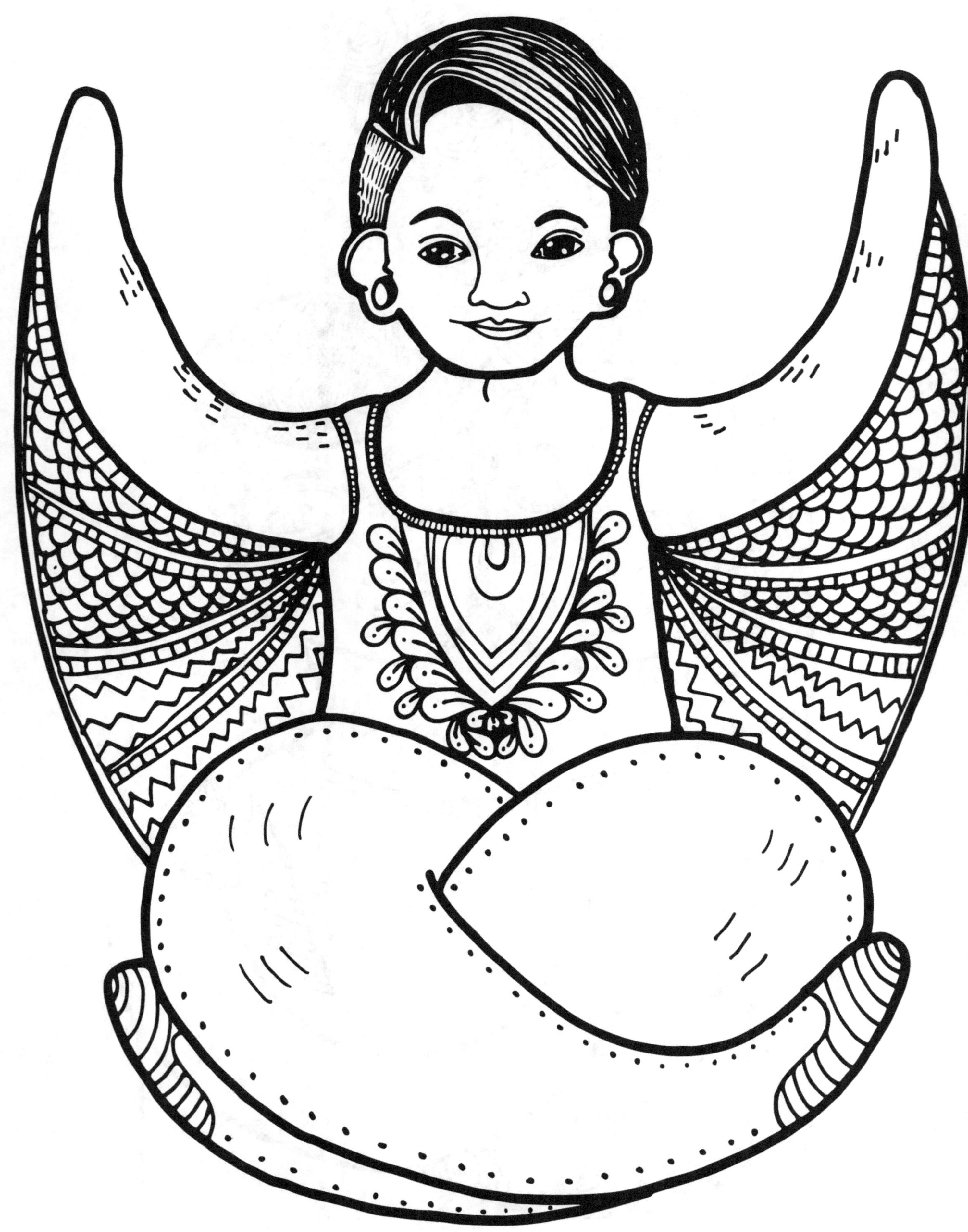

Soluciones del Crucigrama

Crucigrama 1

7	2	1	6	4	5	8	9	3
4	8	5	1	9	3	2	7	6
9	3	6	8	2	7	4	1	5
6	5	7	4	8	2	9	3	1
1	9	8	3	7	6	5	2	4
3	4	2	9	5	1	6	8	7
2	1	4	5	3	8	7	6	9
8	6	9	7	1	4	3	5	2
5	7	3	2	6	9	1	4	8

Crucigrama 2

9	3	6	8	2	5	7	4	1
2	7	5	9	1	4	6	3	8
8	1	4	7	6	3	9	2	5
4	5	8	6	7	2	3	1	9
1	9	3	5	4	8	2	6	7
6	2	7	3	9	1	5	8	4
7	4	1	2	5	6	8	9	3
5	8	2	4	3	9	1	7	6
3	6	9	1	8	7	4	5	2

PALABRAS QUE CRITICAN EL ARTE

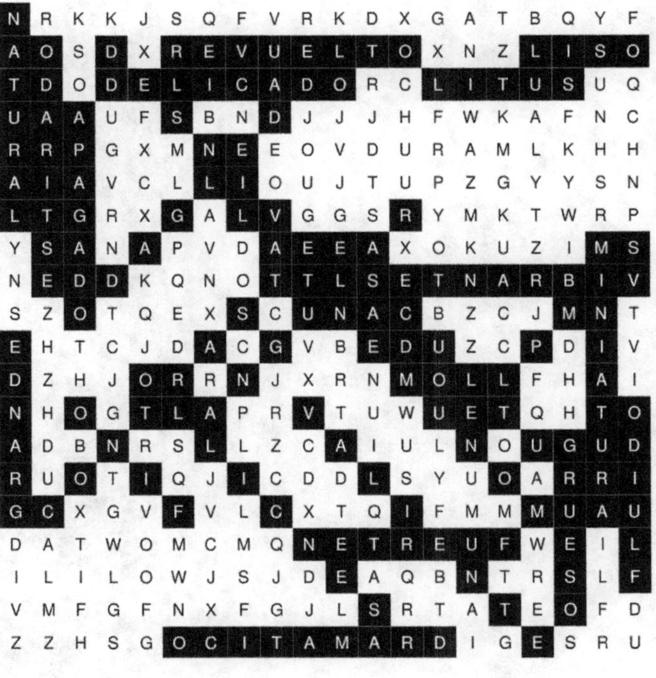

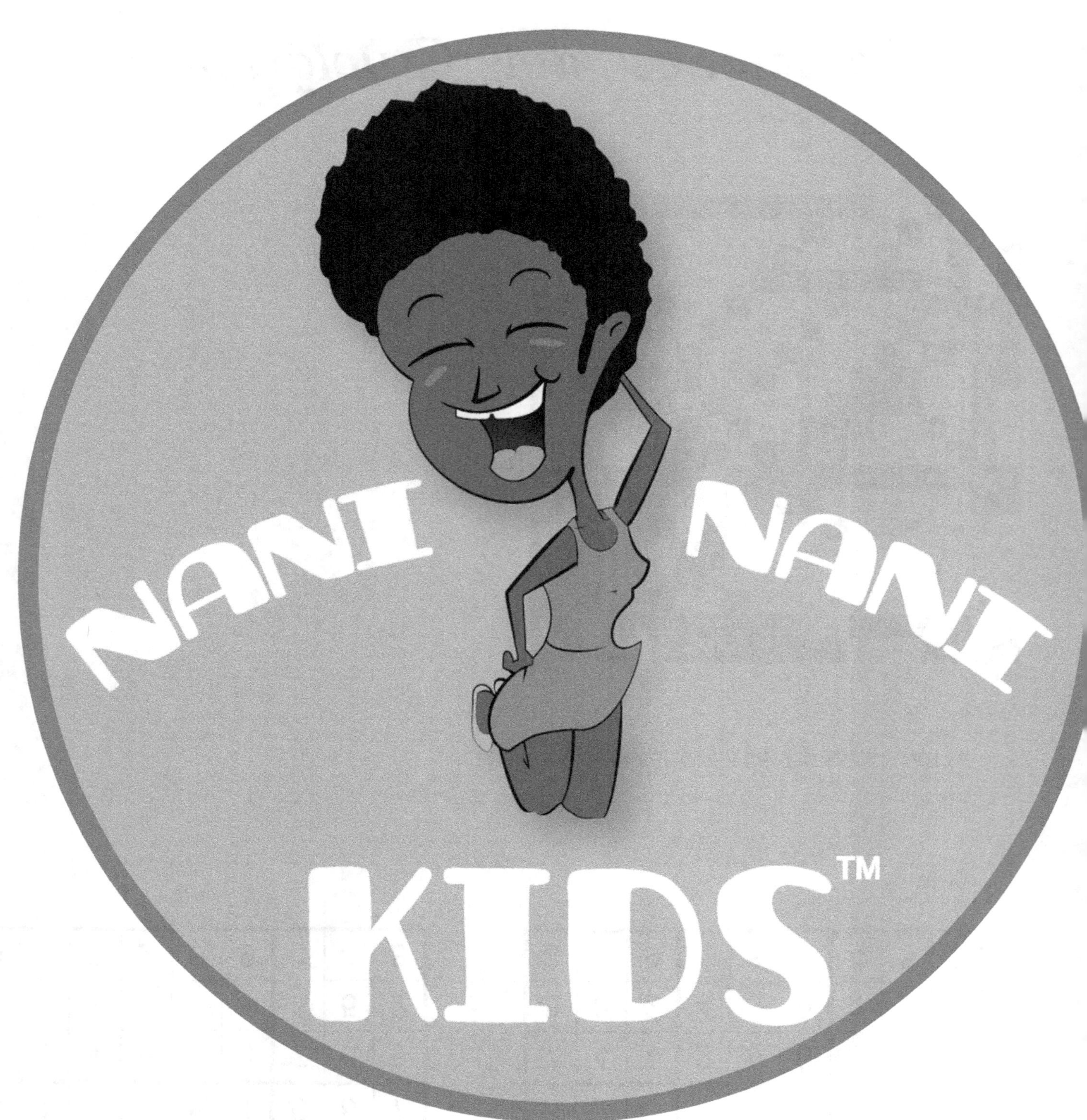

Inscríbete y diviértete en
www.NaniNaniKids.com

www.ingramcontent.com/pod-product-compliance
Lightning Source LLC
Chambersburg PA
CBHW080315030726
47593CB00009B/2753